売れ続ける理由

一回のお客を一生の顧客にする非常識な経営法

さいち代表取締役社長
佐藤啓二

ダイヤモンド社

【プロローグ】
人口4700人の町の小さな店に、なぜ、全国600社超から視察研修依頼が殺到しているのか？

過疎地の店に、なぜ、イトーヨーカ堂創業者の伊藤雅俊氏が？

●家族経営の過疎地の店に、年商数千億円の会社が学びにくる

私が経営する「主婦の店・さいち」は、売場面積260㎡、およそ80坪弱しかない、ちょっと大きめのコンビニ程度の小さなスーパーです。

経営も、私が社長、家内が専務、長男が常務という完全な家族経営です。

正社員は15名、時間パートを含めた総従業員は、53人になります。

店があるのは仙台市の中心部から車で30分ほど行った、古くから温泉地として知られる秋保（あきう）の町。町は１９８８年に仙台市に編入されたので住所上では仙台市内ですが、周囲を深い山に囲まれた本当に田舎の町です。

人口はわずか４７００人程度で、しかも年々少しずつ減り続けている、いわゆる過疎地です。

商圏人口が少ないうえ、仙台市郊外に大型スーパーが何店舗も開店したり、近くに大手チェーンのコンビニが2店舗できるなど、周囲には強力なライバル店が続々と誕生。車で10～15分圏内には、強力なライバル店が10店舗くらいもあります。

不景気のときにはお客様はなるべく安い商品を求めるので、大量仕入れで値段を下げられない小さな店の経営は苦しくなるばかりです。実際にうちのような家族経営のミニスーパーはどんどん姿を消しているのが実情です。

規模も立地も、業態も、それをとりまく景気も、すべて悪い面だらけ。

ところが、そんなお店に、北は北海道から南は九州の鹿児島まで、沖縄を除く全国各地から「さいちで研修をさせてほしい」という依頼が殺到しているのです。

研修依頼が来るようになったのは20年ほど前からで、これまでに受け入れた会社は**600社以上**にのぼります。

しかも全国展開している大きなスーパーマーケットやコンビニチェーン、有名デパート、食品販売会社をはじめ、そうそうたる企業の方々が大勢来られるのです。

たとえば、関東・東北を中心に１６７店舗を展開するヨークベニマルの惣菜部門をすべて担当しているライフフーズさんや、関東で１０５店舗あまりを展開するヤオコーの惣菜部門会社「三味（さんみ）」の小平昭雄社長は、立ち上げ当初から熱心に見学に通ってこられました。

小平社長は、こう言ってくださいます。

「20年前、初めてお店に入ったとき、おはぎの陳列風景に感動しました。80坪弱のお店、人口４７００人の町で１日の来店数は１０００人弱なのに、当時ですら１日４０００個くらいのおはぎを売っている。これはすごいと思い、何度も通っておはぎとお惣菜づくりを一から勉強させていただきました。澄子（すみこ）専務からは、『お客様は季節の旬のものを一番食べたいのよね。旬の具材を入れた炊き込みご飯や、具材を組み合わせた商品を出すと、お客様の目を引くわよ』と言われ、お惣菜づくりの大きなきっかけにさせていただきました」

なぜ、他業種からも研修依頼が殺到するのか?

さいちで扱っているのは他のミニスーパーとほとんど同じです。精肉、青果、鮮魚の「生鮮3品」のほか、お菓子、食品、雑貨、お酒など、地元の方に不便のないようにほとんどのものを揃えています。

しかし、大きく違うのは、おはぎとお惣菜の「惣菜部門」が、**年商6億円(2010年3月期)の約5割**を占めている点です。

普通のスーパーでは「惣菜部門」の比率は10%が目標ですから、同業者からすると「50%はあり得ない数字」だそうです。

1979年にスーパーを開店し、翌年にはお惣菜を売り始めましたが、当時、業界では「家庭の食卓にあるおかずは売れない」というのが常識でした。

その後、価格競争が激しくなる中でお惣菜に注目が集まるようになり、なんとかお惣菜を売りたい、売れるお惣菜をつくりたいという店が増えてきました。

そして、「どうしてそんなに売れるのか」「売れ続けるものをつくるにはどうすればいいのか」と真剣に悩んだ末に、さいちに勉強にこられるようです。

いまでは、スーパー業界の方だけでなく、**他業種の方も研修**にいらっしゃいます。

私のモットーは**「共存共栄」**で、みなさんに成功してほしい、幸せになってほしいと願っています。

ですから、**研修は無料で、企業秘密も何もすべてお教えしています。**

そうすることで、自分自身をより磨き上げていくことができるからです。

それにしても、どうしてこんな過疎地にある小さな店に、年商数兆円、数千億円の企業が研修にいらっしゃるのか、私自身不思議でなりません。

イトーヨーカ堂創業者の伊藤氏、「餃子の王将」の大東社長もわざわざ

研修だけでなく、そうそうたる経営者の方が直接尋ねてこられることもあります。

たとえば、2009年10月には、イトーヨーカ堂創業者で、現在、セブン&アイ・ホールディングスの名誉会長である伊藤雅俊ご夫妻がわざわざ秋保まで出向いてくださいました。イトーヨーカ堂（特に、惣菜製造の関連会社）のみなさんはよく研修にこられますが、連絡をいただいたときには「まさか名誉会長がこんな店に！」と本当に恐縮してしまいま

した。

しかも秘書の方を通じて伺うと、地方視察の一環とのことでした。

前夜、秋保温泉の旅館でお泊まりになり、同行者の方から「明日伺いますので、よろしくお願いします」とのことでした。

しかし、あいにくこのときは緊急の用件で急遽帰京され、うちの店のすぐ前を通りながらお越しいただけなかったのですが、今年に入ってから、ある大手企業の新社長と新会長の披露パーティーでお目にかかることができました。

私と家内が都内のホテルの会場に招待されたのですが、そこに伊藤名誉会長もいらしていて、お会いすることができました。

「伊藤でございます。昨年は大変失礼しました」

と低姿勢でご挨拶いただきました。86歳になられる超大企業の名誉会長なのに、なんと謙虚な方なのか、と感動してしまいました。そして、

「秋保温泉に泊まりましたが、とてもいいところですね」

と、いろいろお話しをさせていただきました。

伊藤名誉会長が他に移られると、「この人たちは何者だ?」というように、周囲の人た

ちがたくさん寄ってきて、名刺交換を求められました。田舎者の私たちとしては、そんなにたくさん名刺をいただいても、誰が誰だかわからずに困ってしまったのですが……。

２００９年12月に「餃子の王将」（王将フードサービス）の仙台一番町店が東北１号店としてオープンした際には、全国各地の店長さんが自ら手を挙げて応援にかけつけるなど、開店時の裏話として、テレビでも大きく取り上げられていました。

実はその開店当日の朝、「餃子の王将」の大東隆行社長がさいちにいらしたのです。

全国から応援にこられた店長さん20数名の乗ったマイクロバスが店の前に横づけされました。これからテープカットがあるのであまり時間がないとのことで、大東社長とだけ少しお話しさせていただきました。

「近くにお店をつくりました。お世話になります。よろしくお願いしますね」

大東社長はそう丁寧にご挨拶され、サービス券を１００枚ポンと置いていかれました。

その後も何通もお手紙をいただきました。

礼儀をきちんと通す、人情味のある方だと心から感心し、だからこそ、「餃子の王将」は大勢のお客様に愛され、伸び続けているのだと得心したものです。

30年も売れ続けている理由が知りたい

●徳光和夫さんの番組で紹介、クリスマス前に長蛇の列が

オープン3年目の1981年には、惣菜づくりの一貫として、手づくりのおはぎを売り始めました。

最初は、お客様のリクエストにお応えする形で細々とスタートしたのですが、それがこれほど売れて有名になるとは想像だにしていませんでした。

おはぎは「秋保おはぎ」の名称で、1日平均で5000個、土日祝日には1万個以上、お彼岸の中日には2万個が売れます。そのほとんどが店頭販売、手づくりなのでこの個数が上限です。「うちでも販売させてほしい」という問合せは、事情を説明させていただきまして、みんなお断わりしています。こんな状態が、もう20年も続いているのです。

「さいち」のただひとつの店舗の他には、仙台駅にある「食材王国みやぎ」に限定1000個と、地元の老舗大手デパートでも少しだけ販売していますが、短時間で売り切れてし

■さいちの駐車場は小さい

まうこともあります。

ただでさえ手一杯の状態なので、テレビなどで紹介されたときには本当に大変でした。

２００９年12月20日（日曜）の朝には、徳光和夫さん司会の『TheサンデーNEXT』（日本テレビ系）で、さいちが取り上げられました。

普段でも土日は1万個以上おはぎが売れますが、午前中に売れる分が多く、お昼頃にはホッと一段落します。

ところがこの日は、午後になってから番組を見たお客様が殺到し、店につながる狭い道路に長蛇の列ができました。

番組当日は、そのときどきのニュースとの兼ね合いでいつうちの店が紹介されるのかわからず、この混雑は想定外だったので対応が大変でした。

店の前の駐車場は15台分しかなく、少し離れた第2駐車場を入れても35台分なので、すぐに車があふれてしまいます。土日祝日には2名ほど駐車場要員を手配しているのですが、この日は突然のことで増員も間に合いませんでした。

とはいえ、混雑ぶりで言えば、お盆とお彼岸はいつも同じような状態です。

特に、お彼岸には、店頭だけで1日1万5000個以上のおはぎが売れます。早朝まだ暗いうちから車の列ができるので、周囲にご迷惑をかけないよう、朝8時には店を開けるようにしています。

●「惣菜をつくる姿勢をつくる」が売れ続ける秘訣

「秋保おはぎ」は昔ながらの田舎のおはぎで、普通のおはぎに比べてずっと大きいのですが、値段は1個105円（税込）で販売しています。お惣菜も普通のお店に比べると、驚かれるほど安く販売しています。

どんなに原材料が上がっても、不景気で地元のお客様の収入が増えないうちは値上げしないというのが、さいちの鉄則だからです。

それでも無駄を徹底的になくし、売れ残りや廃棄をほとんどゼロにすることで、逆に利益が上がってしまうのです。

「大量につくって安く売り、結果、利益はあまり上がらない」という会社も多いと思いますが、うちの場合はまったく逆。お惣菜などはなるべくいろいろな種類のものを少量ずつ、しかも手づくりで手間隙かけて、おいしいものをお客様に提供する。材料の無駄を省き、全部売り切るようにすれば、利益率アップにもつながります。

現在、お惣菜のレパートリーは５００種類を超えていますが、季節感を大切にしながらそのうち**３００種類**ほどを店頭に並べるようにしています。

大きな声では言えませんが、さいちのお惣菜の原価率は60％。普通のお店よりずっと高いのですが、**ロスゼロを実現しているので、40％は利益**になります。

そのためには、従業員に**心をこめてものをつくる姿勢、心をこめてそれを売る姿勢**を徹底することが大切です。

それと同時に、私は材料の仕入も担当者に任せているので、従業員は原価を知っています。だから従業員は米ひと粒でも、大根の葉っぱひとつでも無駄にしないよう、何も言わなくても努力し、工夫してくれています。

言ってみれば、**「惣菜をつくる姿勢をつくる」ことが、さいちの従業員教育**なのです。

また、不思議なことに、さいちは周囲に大型スーパーやコンビニといった強力なライバル店ができるたびに、売上も利益も伸びてきました。

スーパーやコンビニにいらしたお客様が、「せっかくここまできたから、さいちに寄っていこうか」と足を延ばしてくれるからです。

業界の常識からすれば非常識かもしれません。

でも、私は、心をこめたものづくり、心をこめた接客の結果として受けとめています。

前代未聞の新聞広告

「原寸大のおはぎだけの広告」誕生秘話

さいちでは、**20年以上も前にチラシをやめました。**

これも業界の常識からすれば、まったく非常識なやり方でしょう。

しかし、チラシを打てば、そのときはお客様が大勢来て売上は上がりますが、客寄せのために値段を下げるので利益は上がりません。大量仕入で価格を下げることができない、うちのような小さな店はなおさらで、宣伝にかける費用も大型スーパーには絶対かないません。

結論を言えば、**うちの店は思い切ってチラシをやめたからこそ、これまで商売を続けてこられた**のです。

また、おはぎもお惣菜も添加物を一切使わず、日持ちがしないため、全国にお土産として買っていかれても困ると思い、**雑誌などへの広告掲載も極力断ってきました。**

ただし、２００２年に、「秋保おはぎ」の新聞広告を出したことがあります。

新聞の全10段を使い、真ん中に実物大のおはぎがポンと1個あって、すぐ下に〈原寸〉とのただし書き。他は右下に小さく「秋保おはぎ」のロゴと店名、住所、電話番号、営業時間などをほんの小さな文字で入れてあるだけです。

掲載日は3月31日。この日以外はダメだということで、日付指定で代理店に依頼しました。

実はこの年度は利益が通年より出る予想でしたので、どうしても年度内に利益を消化したかったのです。

新聞広告は、地元の新聞社と山形の新聞社に出しました。ちょうどうちの店は、仙台駅と山形駅からそれぞれ車で30～40分くらいの位置にあるからです。

本当は「秋保おはぎ」の名前も会社の名前も一切入れずに、「おはぎの原寸大写真だけで出してほしい」とお願いしました。「おはぎはこれだ！」ということを知ってもらえばいい、会社の名前を知ってもらう必要はない、素直にそう思ったからです。

ところが、「社名と連絡先を入れないと、問合せの電話が直接新聞社のほうに行ってしまい迷惑がかかる」と言われ、「虫眼鏡で見える程度だったら」という条件つきで、しぶ

■話題を呼んだ前代未聞の「秋保おはぎ原寸大」の広告

「河北新報」2002年３月31日付

しぶ社名と連絡先を入れることを受け入れました。

広告代理店にも新聞社にも、**「こんなことは前代未聞」**と呆れられたほどです。

広告は一見白黒のようですが、実はカラーで、本当のおはぎの色がついています。

とにかく「これがおはぎだ」と伝えたかったので、**写真も原寸でやってほしい。おはぎの下に〈原寸〉の文字も入れてほしいとリクエスト**しました。

広告のインパクトは予想外に

大きなものでした。

掲載日が平日だったのでまだよかったのですが、3月31日の午後になってから、新聞広告を見たお客様が店にどっと押し寄せたのです。

結局、売上が上がり、当期の利益は思ったほど抑えることができませんでした。

「無欲の広告」で大賞を受賞

さらに驚いたのは、そんな事情で出したいわば「無欲の広告」が、なんと2002年度の**「仙台広告賞」の新聞部門の大賞**を受賞してしまったことです。

初めて出した広告で大賞受賞ですから、私だけでなく会社のみんなも本当にびっくりでした。

型破りな広告で「こんなのは初めてだ」ということで、広告業界では全国的にもインパクトがあったようです。

大賞受賞後、お客様はさらに増えました。「宣伝したくない」と思っていたのに、ますます広く世間に知られるようになったのです。

■第33回「仙台広告賞・新聞部門大賞」を受賞

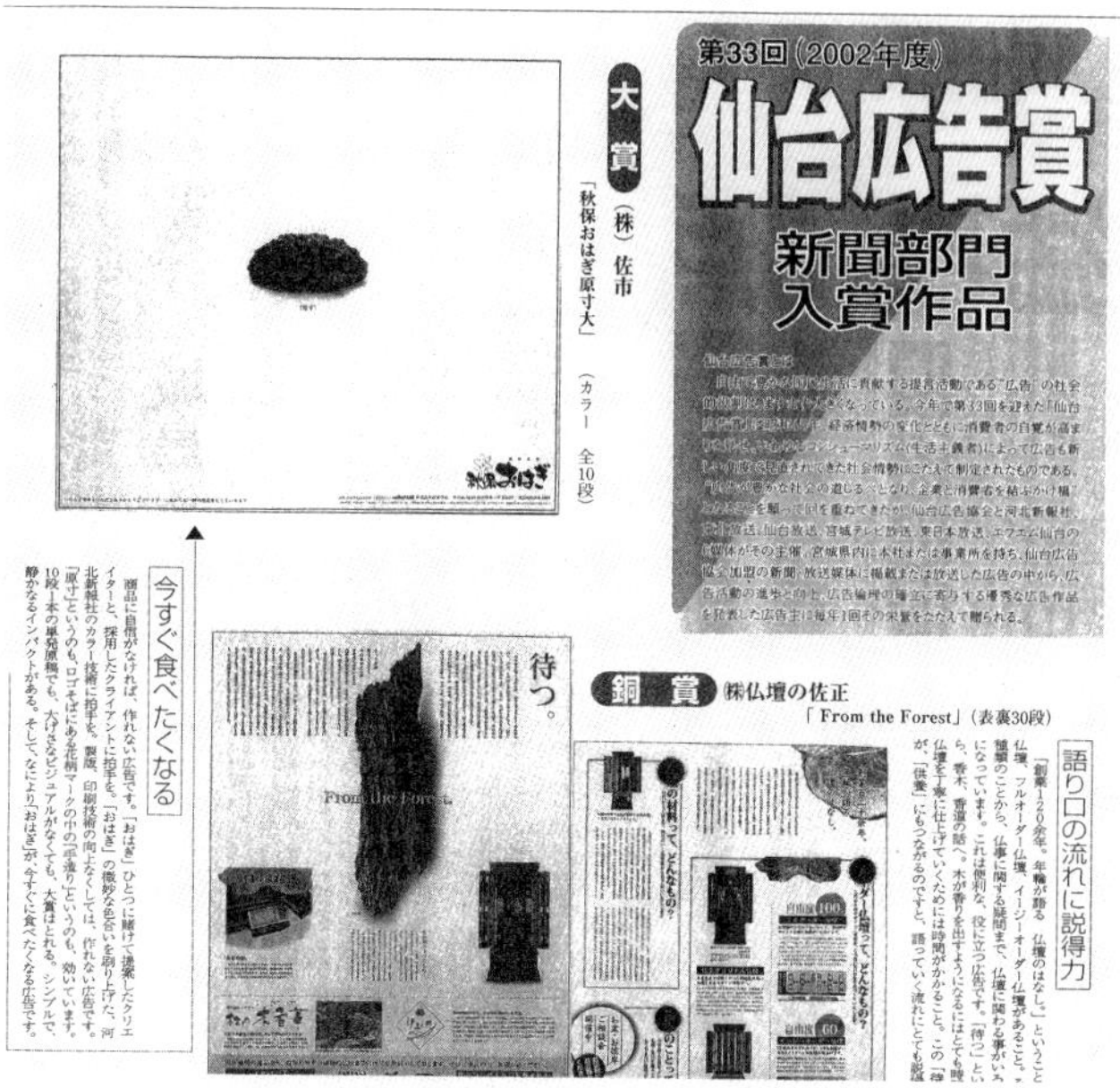
第33回（2002年度）
仙台広告賞
新聞部門
入賞作品

大賞 (株)佐市
「秋保おはぎ原寸大」（カラー 全10段）

今すぐ食べたくなる

商品に自信がなければ、作れない広告です。「おはぎ」ひとつに賭けて提案したクリエイターと、採用したクライアントに拍手を。「おはぎ」の微妙な色合いを刷り上げた、河北新報社のカラー技術に拍手を。製版、印刷技術の向上なくしては、作れない広告です。「原寸」というのも、ロゴそばにある花柄マークの中の「手造り」というのも、効いています。10段1本の単発原稿でも、大げさなビジュアルがなくても、大賞はとれる。シンプルで、静かなるインパクトがある。そして、なにより「おはぎ」が、今すぐに食べたくなる広告です。

銅賞 (株)仏壇の佐正
「From the Forest」（表裏30段）

語り口の流れに説得力

「創業120余年。年輪が語る　仏壇のはなし。」ということ仏壇、フルオーダー仏壇、イージーオーダー仏壇があること。種類のことから、仏事に関する疑問まで、仏壇に関わる事がいろいろになっています。これは便利な、役に立つ広告です。「待つ」というら、香木、香道の話へ。木が香りを出すようになるにはとても時仏壇を丁寧に仕上げていくためには時間がかかること。この「待が、「供養」にもつながるのですと、語っていく流れにとても説得

「河北新報」2003年10月20日付

こんな経営の考え方は非常識かもしれません。

しかし私としては、お客様のためによいものをつくり、真心をこめて売っていく。そんな商売の基本を守り続けてきただけです。

いまはなかなかものが売れない時代だといわれます。

でもそれは、間違ったものをつくり、間違った売り方をしている場合もあります。

私は物心ついたときから親の商売を手伝い、**秋保の町を一歩も出ずに商売**をしてきました。

経営者としては本当に**井の中の蛙**です。

そんな私ですが、真心こめてよいものをつくり、その販売を通じてお客様の幸せに貢献したいと、愚直ひと筋に商売をしてきました。

そして**従業員にすべてをオープンにし、彼らを幸せにすることをモットー**に従業員を育ててきました。

従業員が幸せでなければ、お客様を幸せにすることもできないからです。

長く売れ続けるのは難しいと思われていますが、実は簡単なことでもあります。

ただし、それには地味な努力が必要です。

本書では、研修にいらっしゃるみなさんにお話ししていること、私が実践していることを、すべてお伝えしたいと思っています。

田舎の小さな店の75歳の経営者が初めて書いた本ですが、何かひとつでもみなさまのお役に立つことができれば望外の幸せです。

『売れ続ける理由――一回のお客を一生の顧客にする非常識な経営法――』

もくじ

プロローグ
人口4700人の町の小さな店に、なぜ、全国600社超から視察研修依頼が殺到しているのか？

第2章
同業他社でなく、「家庭の味がライバル」という非常識な商品ルール

第3章 「惣菜をつくる姿勢」をつくれ！ さいち式・レシピなしの人づくり

第4章
売上・客数がぐんぐんアップする門外不出の「アナログ閻魔帳」の秘密

第5章 チラシなしでも、家族の絆があれば、お客様がひっきりなしに押しかけてくる

エピローグ

第1章

瀕死のどん底から、おはぎが1日2万個売れるようになった理由

どん底からのスーパー開店

大河ドラマブームから暗転、売掛金が回収できない恐怖に

さいちの創業は140年ほど前にさかのぼります。

私の祖父・佐藤市次郎が温泉旅館を相手に賄い物の商売を始めたのが創業で、佐藤の「佐」と市次郎の「市」から「佐市商店」と名づけました。以来、祖母、母と店を継いできて、私で4代目になります。

私が物心ついたときは母が店を切り盛りし、日用品、雑貨、食品、観光土産品（地元産山百合入りの「山百合羊羹」）などの販売を営んでおりました。

秋保の人たちが仙台市内まで買いにいくのは大変ですから、不自由さを感じずに生活してもらえるように商品は何でも扱っていて、狭い店内にはありとあらゆる雑多な商品が無造作に積み上げてありました。

私は小さい頃から店を手伝い、旅館様や地元のお客さんへ配達・販売をしていました。

まだ自動車はなく、運搬車で運んでいた時代です。

母と私だけの小さな店でしたが、特に努力をしなくても、温泉旅館と地元客を相手に商売はそこそこ成り立っていました。

そんな商売が暗転し始めたのは１９７０年のことです。

仙台藩を舞台にしたＮＨＫの大河ドラマ『もみの木は残った』が大ブームになり、秋保温泉に大勢の観光客が押し寄せました。

旅館の数が増え、既存の旅館も大規模なものに建て替わると、私どもの取引は細くなるばかりでした。小規模の私どものような店舗では、資金繰りもままならない、本当にどん底の状態だったのです。

命の恩人との一生忘れられない出会い

そうした苦労の最中に、私は妻の澄子（現・専務）と結婚しました。私が30歳、妻が29歳と、当時としてはかなり遅めの結婚でした。

２人でなんとか配達商売でがんばっていましたが、売上はじり貧で日々資金繰りに悩まされ、針の筵(むしろ)の上を歩くような毎日でした。

私は家内と相談し、「どんなに苦労しても一からやろう」と心に決めました。

そのときに思ったのは、「現金商売がしたい」ということ。売掛金が積み上がっていても、店には仕入の金もない。ものが売れても現金が入ってこないことで、本当に苦労してきたからです。

とはいえ、配達商売しか経験がありませんから、何から手をつけていいのかわかりません。商売の勉強をしようにも、どこでどう勉強していいか、わからない状態でした。

そんな折り、発足したばかりの秋保の商工会が講師としてお呼びした先生が、当時箱根で行われていた商業界のゼミのことを教えてくれました。箱根での2泊3日のゼミへの参加は、当時の私たちにとってかなりの出費でしたが、家内に「とにかく行ってらっしゃい」と背中を押され、借金でお金を工面して参加しました。

ゼミでの体験は、それまで商売の勉強をしたことのなかった私にとっては非常に新鮮で、感動させられることばかりでした。

しかし、現実には借金だらけで、実践したくてもできそうもないことばかり。盛り上がった気持ちもすぐに萎えて、私は帰路、どんよりした気持ちで小田急線に乗り込みました。

一生忘れられない、すばらしい出会い、まさに命の恩人と出会ったのは、そのときのことです。

小田急線の車内の４人がけのボックス席に座り、ひとりで窓の外をボーッと眺めていると、同じボックスに男性２人、女性ひとりの３人連れが座りました。それが黒磯（現在の栃木県那須塩原市）を中心にスーパーマーケットを展開している「ダイユー」の大林勇社長とそのお嬢さん、そして会社の社員の方でした。社長は50代、お嬢さんは20代くらいでした。会場ではお目にかかりませんでしたが、やはり同じ商業界のゼミに参加されていたのです。

よほど私が深刻な、いまにも自殺しそうな顔で乗っていたからでしょうか、

「あなたもセミナーに出ていたんですか？」

と、大林社長のほうから私に声をかけてくださいました。

まるで死に神にでもとりつかれたかのように暗く沈んだ表情をしていた私を、放っておくことができなかったのかもしれません。

●涙ながらの教え

それから「資金繰りがどうにもならない」と悩みを口にする私に対し、大林社長は経営の話をこんこんと語り、私に聞かせてくださいました。

気づくと、大林社長の目は涙でいっぱいになっていました。

ご自身がそれまで重ねてこられた苦労の数々の思い出も重なっていたのかもしれません。新宿までの1時間半近く、大林社長は本当に真剣に、熱く、親身になって、初対面の私に向かって自分のすべてのノウハウを語ってくれました。

当時はスーパー業界が伸び始めていた時期で、私は「スーパーをやりたい」と密かに思っていました。そんな私の胸の奥底まで、大林社長の涙の熱弁は染み込んできました。

それから私たちは夫婦でダイユーさんに何度も通い、勉強させていただきました。

大林社長にはスーパーの建物の設計から陳列の仕方、経営ノウハウなど、ありとあらゆることを教えていただきました。どうやって会計を締めるかなど、講演を聞いただけでは決してわからない現場の実践ノウハウも徹底的に学ばせていただいたのです。

そして私が小さい頃からよく面倒を見てもらい、築地の魚河岸で店を経営している叔父からの資金援助もあって、なんとかスーパーの開店にこぎつけられたのでした。

オープン当日秘話――釣銭がない！

1979年12月9日、「主婦の店・さいち」はオープンしました。前の店とは80mほどしか離れていない場所です。

本当に残念なことに、大林社長は突然の心臓発作ですでに他界され、奥様が社長に就任されていました。

オープン前日から、社長である奥様は、ダイユーの従業員を十数人も連れて助っ人にきてくださいました。私も含めてさいちのスタッフは戸惑うことばかりだったので、どちらがお手伝いなのかわからない状態でした。

ちょうど秋保温泉の繁忙期で、その夜はあいにく水戸屋旅館（現在のホテルニュー水戸屋）が満室だったため、申し訳ないことに大広間の舞台に布団を敷いて泊まってもらうことになりました。これも無理にお願いしまして、先方の会長様には本当にお世話になりました。

しかし、ダイユーのみなさんはそんなことは少しも気にかけず、本当に献身的に働いてくださったのです。

そして開店当日、地元の「河北新報」に開店セールの折込チラシを打ち、のぼりを立ててそのときを迎えました。

天気にも恵まれ、少し離れた地域からもお客様が大勢来てくれました。

ところが、私は頭がカーッとなっていて、釣銭を準備していなかったのです。

ダイユーの社長に「お釣りは?」と聞かれて忘れていたことにハッと気づき、「ありません」と素直に答えました。社長に「ダメだな~」と言われ、すぐに銀行に電話をかけ、事情を説明して、朝9時に銀行が開くと同時に担当の人に来てもらいました。

でも、私の懐には釣銭分の20万円の手持ち資金がなかったのです。

すると社長が、自分の部下たちに「持っているお金を全部出しなさい」と言って、ポケットマネーを集めて釣銭の分を用立ててくださいました。

魚の仕入れも、社長がバイヤーを連れて、仙台中央卸売市場に行ってくださいました。

手取り足取り、何から何までお世話になりっぱなしでした。

本当にダイユーさんの支援がなかったら、どうなっていたことか……。

開店してからしばらくの間、奥様は毎晩電話をくださいました。「心配で寝られない」と言うのです。

これほどまでに私たちのことを心配してくださる方たちがいる。私たちの成功を願ってくださっている人がいる。だからがんばらなくてはと、どれだけ励まされたことでしょうか。

きっかけは、お客様からのリクエスト

平均5000個、土日1万個以上、お彼岸の中日には2万個

「主婦の店・さいち」はスーパーですが、長年にわたって一番よく売れている主力商品はおはぎです。従業員手づくりのオリジナル商品で、「秋保おはぎ」の名前で販売していま

す。

開店から3年目の1981年、惣菜部門のひとつの商品としてつくり始めたのが最初でした。あん、ごま、きなこの3種類に加え、期間限定で個数は少ないですが、冬には納豆のおはぎもつくっています。売上比率は、あんが約65％、次いでごま、きなこ、納豆の順です。

あんはつぶあんですが、皮をとてもやわらかく煮ているので舌触りがよく、小豆の風味があるのが特徴です。

このおはぎが、とてもよく売れるのです。

平均で1日5000個、土日休日には1万個以上、お彼岸の中日のときには1日2万個も売れます。しかも、全国各地からこんな不便な田舎まで、はるばる買いにきてくださるのですから、私たち自身本当に驚いています。

つくるのも売るのも現状が上限で、この状態がもう20年近く続いています。

しかし、特別に「おはぎを売ろう」と思ってつくり始めたわけではありません。きっかけは、地元のお客様にこんな相談を受けたことでした。

「東京に嫁に行った娘が孫を連れて帰省してくるから、昔食べていたおはぎを孫たちにも食べさせてやりたい」

昔のことを思い出しながら自分でつくってみたけれども、小豆を焦がしてしまってうまくできない。それで「おたくでつくれない？」と頼まれたのです。

さいちでは、その前からお惣菜を手づくり販売していて、お客様から「こんなおかずが食べたい」というリクエストがあると、一生懸命それに応えてきました。おはぎづくりもその一環だったのです。

つくったのは、店の調理場を任せている専務（私の家内）ですが、正直なところ「自信はなかった」と言います。

専務の実家の祖母だけでなく実の母も亡くなっていたので、**昔ながらのおはぎのつくり方を誰に教わればいいのかわからなかった**からです。

でも、そのお客様があまりに真剣におっしゃっていたので、「なんとかつくり上げなくては」という気持ちで取り組みました。

お客様に感謝しながら、どんなお客様の声にも本物をつくることでお応えする。これがさいちの一貫した姿勢だからです。

●「お砂糖ケチってるんじゃないの?」と言われても、自分の味を貫く

それから専務の試行錯誤が始まりました。

小豆が焦げてしまったり、小豆がうまく煮えても砂糖の加減がうまくいかなかったり。小豆を買ってきては失敗して捨て、買ってきては失敗して捨ての繰り返し。普通の人の目にはちゃんとできていそうに見えても、専務は「味に納得がいかない。昔食べていた味にならない」と言って全部捨ててしまう。私は思わず「もうやめてくれ!」と叫んでしまったこともありました。何しろ小豆を1袋買ったと思っていたら、ほんのちょっとの間になくなってしまっているのですから。

おはぎ1パックのためにそんなにお金を使っていたら、もちろん大赤字です。でも、実際には私は利益のことは頭になかったですし、専務なら絶対にできると信頼していました。

なんとか小豆がうまく煮えても、砂糖の種類か量に問題があるのか、おいしいけれど甘くて胸焼けして2つも食べられない。あら目の砂糖と白砂糖の量を調整しながら、少し甘さ控えめのおはぎをつくっていきました。

いまでこそ「甘さ控えめ」が喜ばれますが、当時はまだそんな時代ではありません。そ

れでも専務は、**「ひとつ食べたらたくさんではなく、なんとしても2つ食べていただくようなものを」「お腹がすいているときには何個でも食べられるものを」**と心に決めていたようです。

おはぎをいまの味に仕上げるまでには、結局、1か月くらいかかりました。

ようやく昔ながらのおはぎができたので、2個入りと5個入りのパックを、おにぎりなどを売っていたコーナーの隣に並べました。

ところが、お客様からクレームが来てしまったのです。

「塩っけはいいんだけど、甘さが足りない」

なかには、「さいちさん、お砂糖ケチってるんじゃないの?」と言うお客様までいました。

でも、実際にもっと甘くすると1個食べると胸焼けしてしまい、水をいっぱい飲みたくなったり、後にちょっとサッパリしたものが食べたくなるような感じでした。

「自分たちがつくった、昔ながらのおいしいおはぎの味」を貫いていこう、そう私たちは心に決めていました。

●「おいしかったわ。がんばって」とお客様に言われる感動

そこで「甘さが足りない」というお客様のために、小さな袋に砂糖を詰めてザルに入れ、「どうぞご自由にお持ちください」と書いておはぎの棚のところに置いておくことにしました。最初のうちは毎日その砂糖の袋がなくなってしまい、途中で足さなければいけないほどでした。

ところが、次第に持っていく人が減っていき、ついには誰も持っていかなくなりました。もちろん、おはぎの味は甘さ控えめのままで一切変えていません。おそらくお客様のほうがうちのおはぎの味になじんできてくださったのでしょう。

専務はお客様に、「少しお砂糖足りなかったでしょ?」と気を遣って聞いていましたが、「そんなことないよ。おいしかったし、いっぱい食べられた」と言われて、ものすごく喜んでいました。

なかには、わざわざ「おいしかったわ。がんばってね」と電話をしてきてくださる方もいました。そのときの感動はいまでも忘れられません。

その後、いろいろな惣菜づくりを従業員に教えてきましたが、専務はお客様にほめられ

たときは、

「この子がつくったんですよ」

と言って、そのお惣菜をつくったスタッフをお客様のもとに連れていきます。すると、その従業員はものすごい感動を受けるのです。従業員はお客様のことを頭に浮かべながら、ますます一生懸命にお惣菜をつくります。すると、またお客様がほめてくださる。

「人はお客様によって育てられる」。そう確信した原点は、おはぎを始めたときにお客様にほめていただいた、あのときの感動にあるのだと思っています。

おはぎづくりが気を抜けない理由

こうして苦労しておはぎをつくり始めたものの、実は内心では「いつやめようか」という気持ちでした。何しろ小豆をちょっとでも焦がすと風味が損なわれてしまうので、店に出すわけにはいきません。また小豆の粒のかけらがひとつでも入ったら大変で、それをきちんと拾わないと全部がダメになってしまいます。

現在は惣菜部門に30人いて、うち10人がおはぎを担当していますが、最初のうちは小豆も専務ひとりが鍋で煮ていたので、跳ね返りでやけどをしてしまい、腕の皮が治る暇がありませんでした。

でも、それだけ苦労をしながら、真心こめてつくってきたので、これだけみなさんに喜んでもらえるようになったのだと思います。

おはぎづくりの難しさはいまもまったく同じで、本当に毎日が真剣勝負です。

小豆は、ちょうどいい具合に煮えたときは本当にきれいです。水の分量が少し違っても、煮る時間が少し狂っても、小豆を煮ている間にかき回しすぎてもいけません。

現在、おはぎの責任者は男性スタッフですが、何かあると専務に相談にきます。

たとえば、昨日煮た小豆の色がいつもと少し違う。そうした微妙な変化があったときに、専務に相談にくるのです。それほどおはぎづくりはデリケートなのです。

私が「確実におはぎでいける」と思ったのは、おはぎをつくり始めて7年ほど経った頃でした。おはぎだけを目的に買い物にきてくださるお客様が増えてきたからです。

あるとき、仙台市内に住むおばあちゃんが「自分の家で私がおはぎをつくっても、食べなくなった。でも、おたくのおはぎなら食べる」と言って、わざわざバスを乗り継いで買いにきてくださいました。

また、病院へのお見舞いには普通、果物や日持ちのいいお菓子を持っていきますが、親しい人へのお見舞いに、うちのおはぎを使ってくれるようになりました。おはぎを持っていくと、入院している人がその場で一緒になって食べてくれる。「それがいいんです」と言うのです。

こうして地元の方を中心に、口コミで「秋保おはぎ」の評判は次第に広がっていきました。

こうなると、毎日必ずおはぎをつくって出さなくてはいけません。わざわざ遠くから買いにきてもらって、店頭になかったら大変です。実際に「わざわざ買いにきたのにどうしてないんだ！」と言って怒り出す方もいました。

逆に言えば、それほどうちのおはぎを楽しみにしてくださっているわけですから、「これは一生懸命やらなければ」という気持ちを強く持ったものです。

ほとんど意識のないおばあちゃんが「おはぎを食べたい」

こうしてお客様のために真心こめて一生懸命つくっていると、時折、本当に感動的な喜びを味わえることがあります。

私が一時期理事長をしていた共同組合形式のスーパーから、『秋保おはぎ』を売らせてほしい」という依頼が来ました。本来ならお断りするところでしたが、とてもお世話になっていたところなので、数は少ないですがその店に期間限定で出すようにしました。

基本的にはすべて販売店から取りにきてもらうのですが、日持ちがしないことの説明など、売り方をお教えするために最初の3日間だけうちの従業員を売り子としてそのスーパーに派遣しました。

その2日目か3日目のことです。派遣していたひとりのベテラン女性従業員が、興奮して帰ってきて、こんな話をしてくれたのです。

お客様のおばあちゃんが病気でまさに死を待つばかりの状態で、お医者様からも「もう最期だから、思い残すことがないように好きなものを何でも食べさせていい」と言われていたそうです。

そのお客様は、おばあちゃんの好きだったものをと考え、うちのおはぎを買っていかれました。

すると、ほとんど意識もないようなおばあちゃんが、おはぎを見るやハッキリした声で「食べる」と言ったそうです。

お医者様に確認すると、「胸がつかえてもいいから、なんぼでも食べさせてあげては」とのことだったので、大丈夫かなと心配しつつも食べさせてみると、おばあちゃんは「おいしい、おいしい」と言って、ペロリと全部食べてしまったというのです。

お客様がわざわざ店にお礼を言いにきてその話を聞かせてくださり、売り子として行っていた女性従業員は「心から感動して涙を流した」と言っていました。

そのおばあちゃんにとってうちのおはぎは、昔自分がつくったり、子どもの頃に家族と一緒に食べた、昔ながらの田舎のおはぎ。いろいろな思い出がおはぎを見た瞬間にパーッと浮かんできたのかもしれません。

●なぜ、クリスマスに家族でおはぎが？

また、世代を越えてご家族で食べていただけるのも、本当にうれしいことです。

おはぎは10個入りパックも売っていますが、これがクリスマスの日には結構よく出ます。どうしてだろうと思ってお客様にお話を伺うと、「これなら、子どももおじいちゃん、おばあちゃんも一緒に食べられる」と言うのです。

お年寄り、特におじいちゃんの中にはケーキを嫌がる人もいます。一方、子どもたちはおはぎも結構好きなので、両方納得できるのがおはぎというわけです。いまは不景気なので、めいめいが好きなものを買うような余裕がないという現実もあるのでしょう。

ケーキなどに比べるとおはぎは低カロリーですし、特にうちのおはぎは甘さ控えめなので、若い女性にも人気があります。また、小豆は栄養が豊富でとてもヘルシーです。

塩分も隠し味程度にしてあるので、血圧の高い方でも心配ありません。特に年配の方は塩分が最も心配ですが、うちのおはぎなら安心して食べられます。ケーキはカロリーが高いだけでなく、脂肪分が多いので、意外に塩分が多いのです。

健康面でもご家族みなさんでおいしく食べていただける。それが売れ続けている理由の

■おはぎ10個入りパックと陳列風景

ひとつかもしれません。

おはぎを目当てに早朝から車の列が

卸販売ができない理由

「いつやめようか」と思っているうちに、おはぎの売上個数はどんどん増えていきました。そして評判が口コミで広がるにつれ、仙台周辺のデパートやスーパーから「うちでも販売させてもらえないか」という依頼がくるようになりました。おはぎそのもの

す。

の売上以上に、『秋保おはぎ』ありますというだけでお客様がたくさん来るというので

しかし、生ものという製品の性質上、外での販売については「できません」と言ってずっとお断りしてきました。

いまはJR仙台駅のビルの中にある「食材王国みやぎ」に、木曜〜日曜までの週4日間、普段は1日1000個、最大でも2000個までの数量限定で出しています。

通常は、店頭に並べて2〜3時間程度ですべてなくなってしまうのですが、うちでは「その数が限度です」と申し上げています。先方からは「毎日入れてほしい」とお願いされているのですが、うちの状態ではこれ以上は無理なので、ご遠慮願っている状況です。

他には、地元・仙台のデパートにも数百個と数は少ないですが、販売していただいています。JRさんもデパートさんも、お断りしたあとも何回となく熱心にお話がありましたので、あまりの熱意にほだされてというのが正直なところです。ただし、こちらの事情も説明して、配達はせずに全部買取で取りにきていただいています。

うちでは、右記のような事例を除いては基本的に卸販売はしません。それはおはぎをつくり始めた当初からの方針で、今日まで一貫してきました。そもそも「つくったその日の

うちに召し上がってください」という商品を卸で売ることは無理なのです。卸販売しない理由を聞かれたときには、生もので日持ちが悪いことなどをお話しさせていただきます。

卸販売を基本的に考えていないので、原価計算も当然、小売値段の税込１０５円をもとに考えています。

店頭だけでも、1日1万5000個以上が完売

おはぎの売上のほとんどは店頭になります。わざわざこんな不便なところに買いにきてくださるのですから、本当にありがたいことです。

お彼岸には店頭だけでも１日１万５０００個以上のおはぎが売れますが、その日は早朝から車の列ができます。みなさん車の中でジッと待っていらっしゃるので、朝は８時頃には店を開けるようにしています。そうしないと、お客様に申し訳ありませんし、道路をずっと塞いでしまい、地元の方にも迷惑をかけてしまうからです。

ただ、おはぎは、何かの事情で急にお客様が増えたとしても、すぐにたくさんつくることはできません。あんは小豆を煮てから湯気を取り、冷蔵庫でひと晩寝かせなければなら

ないので、急に間に合わせることができないのです。そんなときはどうしても売切になってしまって、車で列をなしてくださるお客様に本当に申し訳ない気持ちになります。しかし、これも味をきちんと保つためには大切なこと。「売りたい」が先に立ってこの部分を曲げてしまうと、味が落ちて、かえってお客様にソッポを向かれるのではないかと思うのです。

●「家庭の味」だから添加物は一切使わない

おはぎには、添加物は一切使っていません。その理由は簡単です。

昔ながらの家庭料理は、化学調味料や保存料などの添加物を使いません。だから毎日飽きることなくおいしく食べられて、安全なのです。さいちのおはぎも昔ながらの家庭の手づくりですから、添加物を使うわけにはいきません。

また、さいちのおはぎは一般のものよりもずいぶん大きいのが特徴で、これで1個105円（税込）と知ってお客様に驚かれます。

もともと機械でつくるつもりはありませんが、そもそも大きすぎて機械に入らないので、手づくりするしかないのです。また、あんが裏までかかっているのも特徴のひとつで、あんをもち米に載せるときに、あんをくるっと裏側まで回すのがコツです。

この大きさ、卵のような形がうちの田舎のほうのおはぎですから、これを絶対に崩さないというのが専務と私との約束です。

ただし、材料に特別なものを使うつもりはありません。特に無農薬にこだわるとか、どの産地のものじゃないとダメとは思っていません。品質がよければそれでいいのです。幸い、小豆を仕入れている問屋さんは、うちのおはぎのことを考えて、一生懸命、粒の揃ったいい小豆を揃えて納入してくれます。しっかりと信頼関係が構築されているので、すべてその問屋さんに任せています。要は安全なものをおいしくつくって、それを「おいしい」と言って食べていただければいいのです。

よく「××産使用」とか「完全無農薬」を謳い文句にしている商品を見かけますが、結局それは「材料を売り物にしている」ことにつながりやすいのです。「この材料だから」という理由ではなく、「おいしいから」と言ってお客様にリピーターになっていただけてこそ、本物ということではないでしょうか。

●必ずその日のうちに食べてほしい

無添加の手づくりおはぎは、饅頭などよりずっと日持ちが悪いので、お客様には「必ず早めに食べてくださいね」と言うようにしています。それでも聞き入れてくださらない方には「お刺身と同じですから」と言いますし、スタッフには「腐るものだから」と言っていい、と指導しています。

しかし、それでもクレームが来ることがあります。もう何年も前のことですが、夜になって東京の女性の方から電話がありました。

「お土産でもらったおはぎを食べようとしたら、ダメになっていた」

とものすごい剣幕です。

そこで「もらったのはいつですか?」と聞くと、「5日くらい前だ」とおっしゃるのです。最初に「お土産で」という言葉を聞いたときから、嫌な予感がしていました。お土産物のお菓子には添加物や保存料が入っていて日持ちするのが当たり前で、「ちょっとくらいは平気だろう」という感覚をどうしても持ってしまう方が多いからです。

おはぎには消費期限の日付を明示し、パッケージにも「直射日光を避け、冷暗所にて保存。お早めにお召し上り下さい」とただし書きもしてあるのですが……。

店では直接買っていかれるお客様には「今日中に」と必ず言っていますが、それがもらった人には伝わらない。そこが大きな悩みです。

仙台駅に出している分も、納品してから２～３時間で売り切れてしまいますが、休日でも最高２０００個までに制限させていただいています。早い時間帯に買っていかれて、列車の中でご自分で召し上がるのならいいのですが、遅い時間にお土産の感覚で買われてしまうと、どうしても食べてもらうのが翌日以降になってしまいやすいからです。

お客様にお買上げをご遠慮いただくことも

店頭でも、「今日中に召し上がってください」とお話ししても理解してくださらないお客様には、「今回はお買上げをご遠慮願います」とハッキリ言います。お客様にそんなことを言う店は他にないようで、言われたお客様は本当に驚いた表情をなさいます。

こんなこともありました。

北海道の方で、仙台に来たときには必ず「さいち」に寄り、おはぎをたくさん買っていってくださるお客様がいます。

初めて店にいらしたとき、その方は6個入り（当時はまだ10個入りがなかったので）を10パック、あわせて60個も買い物カゴに入れていました。「どちらからですか？」と声をかけると、「北海道です」とおっしゃる。「北海道まで持って帰るのですか？」と聞くと、「そうだ」と。もう午後になっていたので、私は「食べるのは明日になるでしょう？　悪くなるからダメですよ」と言いました。

いまもそうですが、遠方からいらして今日中に食べられないという方には、無添加で日持ちしないことをじっくり説明しています。

ところが、そのお客様は「今日食べる」と言い張って、ちょっと押し問答のようになってしまいました。「これは悪くなるので早めに食べていただかないと……」と念を押しましたが、「わかった」「自分の責任で処理するから大丈夫」と、結局、強引に買っていかれました。

すると、その日の夜9時頃だったでしょうか。その方から店にわざわざ電話がかかってきました。

「いま食べ終わりました。みんな喜んでくれました」

そう言っていただいて、本当にうれしかったものです。

以来、その方は仙台に仕事で立ち寄られるたびに、うちの店に来てくださるようになりました。「お買上げをご遠慮いただけませんか」と言う私に対して、怒るどころか、そのことでかえって私を信頼してくださったのです。

青森からしょっちゅう自動車でいらして、10個入りのおはぎを10パック買っていかれるお客様もいます。この方にも私は当初、「ダメですよ」とお話ししました。しかし、その日のうちに食べてくださったようで、次に来店されたときにこう言ってくださいました。

「おはぎを買っていったら、ものすごく喜ばれた。その後は他のものを買っていっても全然ダメなんだ」

うちの商品のことをきちっと理解してくださっている、本当にありがたいお客様です。安全第一、品質第一を徹底している。だからずっと長くおつき合いいただいているのではないかと思います。

やはり「とにかく売れればいい」という姿勢では、商売は長続きしない場合もあるかもしれません。

前代未聞の新聞広告はいかにして？

●雑誌掲載は何度も断ってきた

おはぎを買いに全国からお客様がいらっしゃるようになったひとつのきっかけは、ある旅行ガイドの取材記事でした。オートバイに乗った女性記者がいきなり訪ねてきて、「秋保おはぎ」を掲載させてほしいというのです。

おはぎを売り始めてから6年ほどした頃のことで、ガイドブックで紹介する秋保温泉の土産物を探しているときに、地元の方にうちのおはぎのことを聞いたらしいのです。

その頃、おはぎの棚はいまよりずっと狭く、5個入りのおはぎを100パック程度出しているだけでした。

私は取材依頼をすぐに断りました。宣伝になるからいいじゃないかと思われるかもしれませんが、おはぎは無添加なので日持ちしません。「お土産物」として全国に持ち帰られ、もし古くなったものを食べられてしまったら困るのです。

女性記者は何度も訪ねてきましたが、そのつど「お土産物として取り上げられるのは絶対にダメ」と言って断り続けました。それでも女性記者の方がどうしてもと粘り強く説得されるので、「日持ちしないという点だけは明記してください」という条件で掲載してもらいました。

その後、地元のお客様からの口コミもあいまって、おはぎの売上は増え続けました。「お土産」としての掲載は相変わらず断っていますが、秋保温泉の紹介パンフレットなどには、おはぎのことが載っています。「名産品」のような扱いは困るのですが、お世話になっている地元の方にどうしても必要だからと頼まれると断れません。また、私たちの知らないところで社内報のような冊子などに掲載されているようです。

商品名は、発売当初から現在まで、ずっと「秋保おはぎ」です。最近では、似たようなネーミングのおはぎが出てきて、「おたくのとどう違うの？」とお客様からクレームがときどき来るのですが、うちとしても困っているのが実情です。

●チラシも何もかもやめたが、2回だけ新聞広告を出した

スーパー業界では新聞に「大売出し」などの折込チラシを入れるのが常識になっていますが、**さいちでは20年以上も前にチラシをやめてしまいました。他の宣伝もまったくしていません。**ただし、2回だけ例外があります。

1回は2002年の3月31日に、もう1回は2010年3月30日に「秋保おはぎ」の新聞広告を出したのです。

2002年のときは全10段を使った広告（↓15ページ）でしたが、載せたのは真ん中にドーンと実物大のおはぎが1個。その下に〈原寸〉のただし書きをつけました。あとは「秋保おはぎ」のロゴと店名、住所、電話番号、営業時間を右下の隅っこに小さな文字で入れてあるだけです。値段も105円（税込）と書くと売れてしまいそうなので、載せませんでした。

最初は「商品名も何もいらない」と言ったのですが、それでは掲載できないと言われてしまったので、このような広告になりました。

実はこの年度は利益が出る予想になりましたので、何かできないかと考え、新聞広告な

らと思いました。設備投資をしても減価償却にしかなりませんが、広告なら一度に経費で落とせる。それが唯一最大の理由でした。

経常利益が思っていた以上に出ることがわかったのが2月で、それから広告代理店に勤めていた長男の友人に頼んで新聞広告の掲載先を探してもらいました。

広告代理店の方は「せっかくならお彼岸の前に出せばいいのでは」とアドバイスしてくれましたが、一番お客様がいらっしゃる時期なので、広告を出してしまうと、生産が追いつかなくなります。

いろいろ考えた末、年度内の3月31日に決めました。

社名も連絡先もいらない

広告による見返りはいらない。有体（ありてい）に言えば、広告を出す理由は、経理上以外の何ものでもありませんでした。

最終的には、地元で一番の新聞社に出すことにしました。

最初は「秋保おはぎ」の名前も会社の名前も一切入れずに、「おはぎの原寸大写真だけで出してほしい」と言いました。「おはぎはこれだ！」ということを知ってもらえばいい、会社の名前を知ってもらう必要はない。素直にそう思ったからです。

ところが、それでは読者がどこの会社のおはぎなのかさえわからず、買おうと思っても連絡先がわからないので、結局、新聞社のほうに問合せの電話が直接行ってしまうことになります。「最終的に新聞社に迷惑がかかるから」と、代理店の人にこんこんと説得され、しぶしぶ社名と連絡先を小さく入れることを承諾しました。

普通、広告は「売りたい」「社名や製品名を知ってほしい」と思ってつくるものですから、制作サイドからも「こんなことは考えたこともない」と呆れられました。

それが全ページ3分の2の広告です。一見、白黒のようですが、実はカラーで、本当のおはぎの色がついています。とにかく「これがおはぎだ」と伝えたかったので、写真を原寸で入れ、「〈原寸〉」の文字も入れました。

本当は全面広告にしたかったのですが、おはぎ1個だけではバランスがよくないということで、全10段に落ち着きました。他には、山形県の新聞社にも同じ広告を出しました。

それでも広告のインパクトは大きなものでした。

新聞広告が掲載されたその日の午後になって、広告を見たお客様に多数ご来店いただきました。いつもはおはぎを買いにくるお客様は午前中のほうが多いのですが、その日は新聞を見たお客様が午後からいらしたので、結構多忙な1日でした。

私としては誤算でしたが、そのあとにはもっと大きな、うれしい〝誤算〟がありました。

驚きの「広告大賞」受賞で、遠方からのお客様が急増

広告を掲載してから1年以上経ったある日、地元の新聞社から連絡がありました。

なんと、あの「無欲の広告」が、2002年度の「仙台広告賞」の新聞部門の大賞を受賞したというのです。

これには本当に驚きました。

実は広告掲載後、広告業界でも「こんなのは初めてだ」ということで、全国的にも話題になっていたようなのです。普通、広告というと、自社製品のいいところをアピールしようとしますが、それを全部排除してしまいました。素人ゆえにすごく簡単に考えてこんな広告にしたのですが、計算も期待もまったくなかったことがよかったのでしょう。

■大賞になった「秋保おはぎ原寸大」の記事

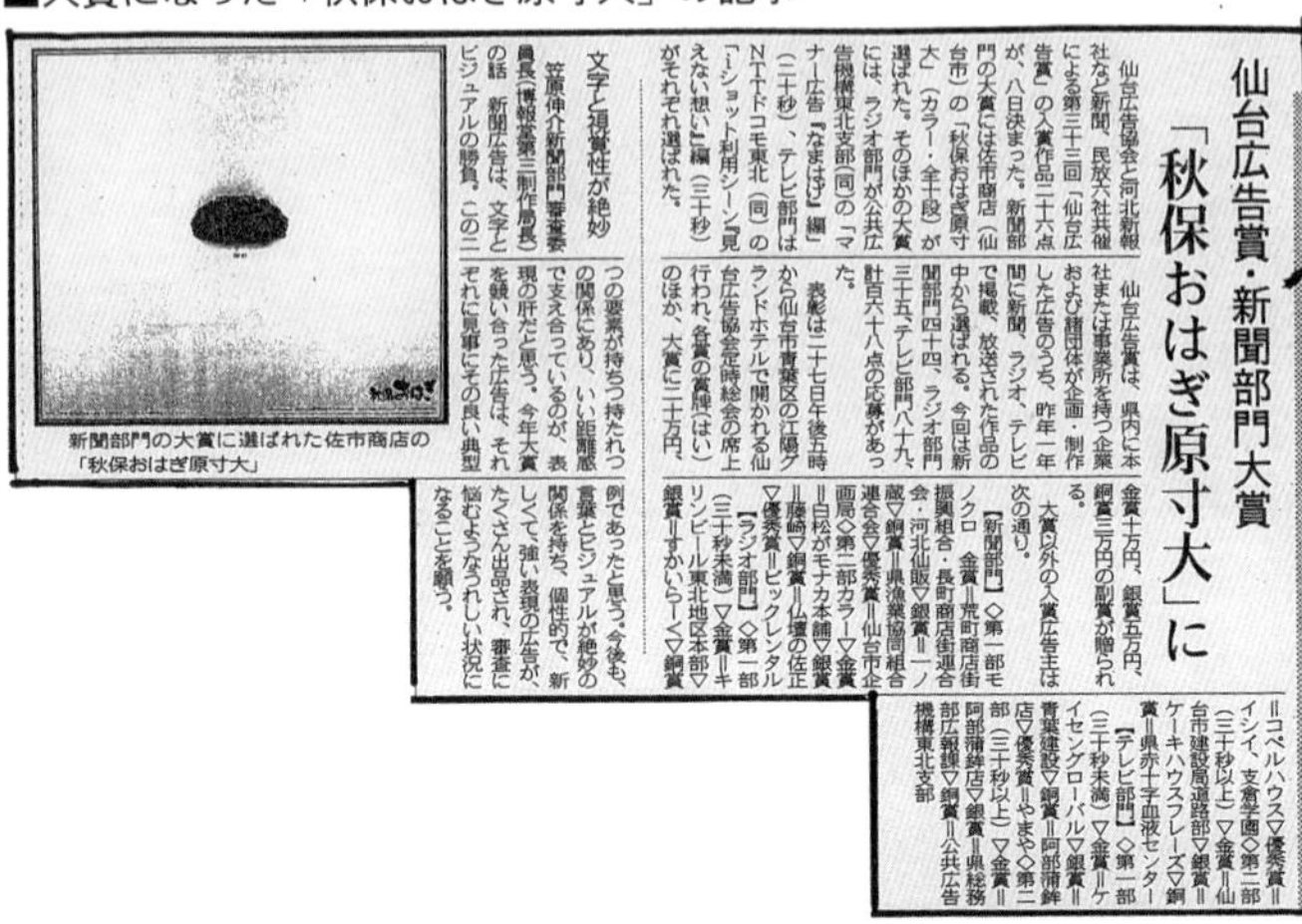

仙台広告賞・新聞部門大賞

「秋保おはぎ原寸大」に

仙台広告協会と河北新報社など新聞、民放六社共催による第三十三回「仙台広告賞」の入賞作品二十六点が、八日決まった。新聞部門の大賞には佐市商店（仙台市）の「秋保おはぎ原寸大」（カラー・全十段）が選ばれた。そのほかの大賞には、ラジオ部門が公共広告機構東北支部（同）の「マナー広告『なまはげ』編」（二十秒）、テレビ部門はNTTドコモ東北（同）の「iショット利用シーン『見えない想い』編」（三十秒）がそれぞれ選ばれた。

仙台広告賞は、県内に本社または事業所を持つ企業および諸団体が企画・制作した広告のうち、昨年一年間に新聞、ラジオ、テレビで掲載、放送された作品の中から選ばれる。今回は新聞部門四十四、ラジオ部門三十五、テレビ部門八十九、計百六十八点の応募があった。

表彰は二十七日午後五時から仙台市青葉区の江陽グランドホテルで開かれる仙台広告協会定時総会の席上行われ、各賞の賞牌（はい）のほか、大賞に二十万円、金賞十万円、銀賞五万円、銅賞三万円の副賞が贈られる。

大賞以外の入賞広告主は次の通り。

【新聞部門】◇第一部モノクロ　金賞＝荒町商店街振興組合・長町商店街連合会・河北仙販▽銀賞＝一ノ蔵▽銅賞＝県漁業協同組合連合会▽優秀賞＝仙台市企画局◇第二部カラー▽金賞＝白松がモナカ本舗▽銀賞＝藤崎▽銅賞＝仏壇の佐正▽優秀賞＝ビックレンタル

【ラジオ部門】◇第一部（三十秒未満）▽金賞＝キリンビール東北地区本部▽銀賞＝すかいらーく▽銅賞＝コペルハウス▽優秀賞＝イシイ、支倉学園◇第二部（三十秒以上）▽金賞＝仙台市建設局道路部▽銀賞＝ケーキハウスフレーズ▽銅賞＝県赤十字血液センター

【テレビ部門】◇第一部（三十秒未満）▽金賞＝ケイセングローバル▽銀賞＝青葉建設▽銅賞＝阿部蒲鉾店▽優秀賞＝やまや◇第二部（三十秒以上）▽金賞＝阿部蒲鉾店▽銀賞＝県総務部広報課▽銅賞＝公共広告機構東北支部

文字と視覚性が絶妙

笠原伸介新聞部門審査委員長（博報堂第三制作局長）の話　新聞広告は、文字とビジュアルの勝負。この二つの要素が持ちつ持たれつの関係にあり、いい距離感で支え合っているのが、表現の肝だと思う。今年大賞を競い合った広告は、それぞれに見事にその良い典型例であったと思う。今後も、言葉とビジュアルが絶妙の関係を持ち、個性的で、新しくて、強い表現の広告が、たくさん出品され、審査に悩むようなうれしい状況になることを願う。

新聞部門の大賞に選ばれた佐市商店の「秋保おはぎ原寸大」

「河北新報」2003年5月9日付

2003年5月9日、地元の新聞に、「仙台広告賞・新聞部門大賞」受賞の記事が掲載され、さいちの「秋保おはぎ」はまたまた有名になってしまいました。

「秋保おはぎ」の存在はすでに口コミで広がっていて、広告掲載当時、おはぎの売上はすでに1日平均で4000個ほどありました。

広告大賞を受賞してからは、1日平均5000個近くに達し、特に遠くからいらっしゃるお客様が増えました。

せっかくいらした方に、喜んで買って帰っていただくために、私たちとしてはその期待にお応えするようなきちんとした商品を提供しなければなりません。

私たちはますます商品の価値を上げるようにがんばらなければいけないという気持ちが強くなりました。

結果、商品はますますよくなり、お客様も増えました。

そのおかげでしょうか。多少のデコボコはありますが、売上は前年対比でアップしています。

第2章

同業他社でなく、「家庭の味がライバル」という非常識な商品ルール

惣菜部門だけで、1日平均100万円売る秘密

●「和食のおかずは売れない」という常識への挑戦

「秋保おはぎ」とともに、さいちの経営を支えてくれているのが、お弁当などを含めた「お惣菜」です。

お惣菜もおはぎ同様、「昔ながらの家庭の味」がモットーで、特にいろいろな野菜の煮物を合わせた「五目煮」が売れ続けています。

手づくりのお惣菜を店頭で売るようになったのは開店から1年ほどあと、いまから30年も前のことです。

当時、スーパーマーケットに「惣菜」の部門はほとんどありませんでした。

スーパーマーケットはアメリカから入ってきた業態なので、「なるべく人を使わずに合理的にやる」という先入観がありました。お惣菜は調理の手間がかかって人件費がかさむ

■300種類のお惣菜の一例

うえ、売れ残るリスクもあるので、誰も売れる商品として最初から考えていなかったのです。

また、当時は「家庭でつくっているものは店に出しても売れない」、つまり和食はダメというのが常識でした。ご飯のおかずは家庭で主婦がつくるのが当たり前で、妻がお惣菜を買って帰ると、「手抜きだ」と言われてしまうような時代でした。

手づくりの和食のお惣菜を中心とするさいちの品揃えは、業界からすると「非常識」だったわけです。

しかし、お惣菜を始めた理由に、経営的なものがありました。開店当初は名前も知られていなかったので、チラシで集客していましたが、他店とのお客争奪合戦になってしまい、価格競争に巻き込まれていました。チラシで一時的にお客様の数は増え、売上は上がるのですが利益は出ない、という苦しい状況が続いていたのです。

しかしお惣菜は、当時、どのスーパーでもまだ扱っていませんでしたし、何より「味」が勝負ですから、他店との価格競争に巻き込まれずにすみます。なんとか利益を得るためには、やらざるを得なかったという面もあったのです。

なぜ、スーパーなのに売上の5割が「惣菜部門」なのか？

現在、さいちには、おはぎとお惣菜の「惣菜部門」の他、精肉、青果、鮮魚の生鮮3品、日配品、菓子、食品、飲料、酒、雑貨の合計10の部門があり、このうち惣菜部門だけで、売上のおよそ5割を占めています。

普通、スーパーでの惣菜部門の売上は「目標10％」といいますから、50％という数字を聞くと、業界の方々はびっくりされます。

さいちは売場面積が80坪弱で、そのうちおはぎとお惣菜を合わせた売場は5分の1程度ですが、**物菜部門だけでも1日平均100万円近くの売上**があります。

さいちには全国各地からいろいろな企業の方が研修や見学にいらっしゃいますが、その多くはお惣菜の視察が目的です。どうやって売れるお惣菜をつくっているのか、その秘密が知りたいのです。

いま、スーパーでもデパートでも、そしてコンビニでも、「お惣菜をどうやって売るか」でしのぎを削っています。

肉、魚、野菜の生鮮3品はどのスーパーにもありますが、肉や魚は鮮度が落ちたら即廃棄処分です。そこで、鮮度が落ちる前に棚から引き上げて下処理をする……それがお惣菜の起源で、売れ残りによるロスを減らすためにも、惣菜部門の売上は非常に重要なのです。

しかしお惣菜は、ご家庭の料理よりおいしくなければ売れないのですから、よほど自信がなければ店には置けません。他の商品とは違い、日持ちがしないので、その日のうちに売れなければ廃棄するしかありません。それは丸々店のロスになってしまうのです。

さいちでは、その**ロスはほとんどゼロ**です。値段は驚かれるほど安く、その分原価率が60%と他店よりも高いのですが、逆に利益は他店よりも多くなっています。

第4章で詳しくご紹介しますが、それは材料を無駄なく使うと同時に、すべて売り切ってしまうことでロスをなくしているからです。

他店では売れ残りなどのロス率を10％ほど見るのが常識のようですが、この点でもさいちは非常識かもしれません。しかし、**お客様に喜んで買っていただけるおいしいお惣菜をつくり、全部売り切ってしまうことが、結局はお惣菜の売上と利益を伸ばす最短で最善の道**なのではないかと思っているのです。

●おはぎとお惣菜の比率は、「5対5」を目標に

惣菜部門の中での売上比率は、いまのところおはぎが5・5、お惣菜が4・5ほどです。おはぎが抜群に売れるようになってからは、おはぎの比率がずっと高かったのですが、専務にがんばってもらってお惣菜を増やし、従来は7対3であったものを現状までに持ってきました。後述する「煮物」を加えたことも、お惣菜の比率がグッと上がった大きな要因でした。

お惣菜を伸ばしたい理由は、おはぎはつくれる数が上限に達しているので、他のところで売上を伸ばしたいということと、リスクヘッジの面もあります。

おはぎはデパートや駅などいろいろなところに出していますから、万一の事故も考えなければいけません。何かあった場合は、たとえ〝シロ〟でも、検査のために最低3日間営業停止になってしまうからです。

おはぎとお惣菜では役所の許認可が違い、おはぎは菓子関係、お惣菜は飲食関係となります。ですから、おはぎとお惣菜の調理場はドアで分離して、それぞれに許可を取っています。お惣菜をがんばることは、仮におはぎに何かあったときのリスク回避にもつながるのです。

目標は、おはぎとお惣菜の比率を5対5にすること。とはいえ、実際にはお惣菜を伸ばすのは大変です。たくさんのメニューを少しずつつくるので、おはぎよりも人手がかかり、人件費がかさんでしまう。現在、惣菜部門には合計30人のスタッフがいますが、おはぎ10人に対し、お惣菜は20人もいます。

でも、店の将来を考えたら、なんとか5対5にしていかなければいけないと思っています。

●少しずつつくり、コツコツ売る

さいちが惣菜部門をつくったのは、スーパーとしては非常に早い時期でした。とはいえ最初は、カップラーメンなどを置いている場所に、海苔巻きやおにぎりを少しずつ置いておく程度でした。

当時、スーパー業界ではまだ、お惣菜を売っている店はほとんどありませんでした。しかし、私の命の恩人であり、店づくりの先生でもある栃木県のスーパー、ダイユーさんでは当時からお惣菜を扱っていました。

専務はダイユーに勉強しにいった際に、社長の奥様のお手伝いで海苔巻きをパックに詰めたりしながら、その間にお惣菜の売り方についていろいろ話を聞かせてもらっていました。

店の利益が上がらない中で、どうすればいいかを2人で考えていたときに、海苔巻きやおにぎりをつくろうと思い立ったのは、ダイユーさんのことがずっと頭の片隅にあったからです。

いまでこそ、店の売上の半分を占めている惣菜部門ですが、最初は海苔巻き1本を4つに切って小さなパックに入れ、そこに小さなしょうゆをつけて売っていた程度でした。その後、いなり寿司を2個1パックで売るようになったり、おにぎりを1個ずつや2個パックにして売ったりしました。当時、おにぎりは1個80円くらいでしたが、20個くらいつくって店に出すとすぐに売れてしまったのです。

当時は専務が全部ひとりでつくり、売り切れるとまたつくって出す。売上金額としては微々たるものでしたが、店の回転資金にも四苦八苦していた当時の私たちは、少しでも売上を上げようと懸命でした。

結果的には、こうしてコツコツと手間を惜しまずにやってきたことがいまにつながっているのです。

「お惣菜は売れない」という先入観を崩した「ひと切れ10円作戦」

そのうちにお客様からのリクエストで、海苔巻きといなりの詰合せなども売るようになりました。土曜や日曜には扇形の容器におにぎりを5個入れたものを店頭に並べると、地元のおばあちゃんが「孫に食べさせる」と言って買っていってくれました。

こうして最初は海苔巻きやいなり寿司、おにぎりからスタートし、徐々にホウレンソウのおひたしやきんぴらごぼうなど、簡単なお惣菜からメニューを増やし、次第に肉じゃがなども出すようになりました。

お惣菜のメニューは、専務が店内で地元のお客様と「お惣菜、これしかないの?」「どんなものが食べたい?」といったやりとりをし、**お客様と相談しながら少しずつ増やしていきました。**お客さんからの要望で1個だけつくり、そのままメニューに加わったお惣菜もあります。

そして「おいしかったわよ」とお客様にほめていただきながら、少しずつ品数を増やしていきました。特にお年寄りには、「手をかけずに楽に食べられるものを」と、いろいろ工夫しながらやっていったのです。

始めたときは他のスーパーの方に「そんなもん、売れないよ」と言われましたが、つくって店に並べると、実際売れていきました。当時業界にあった**「お惣菜は売れない」というのは、文化ではなく、先入観でしかなかった**ということです。

地元の人たちにも、「こんなの売れないよ」「こんなの出してる店、どこにもないよ」とよく言われました。

しかし、それも私たちを心配してくださっての忠告です。もっとこうするほうがいいといった声は素直に伺い、感謝しました。お客様がわざわざ言ってくださるのは、本当にありがたいことだと思います。

物菜のメニューに特別なものはまったくありません。普段ご家庭で食べているものを、よりおいしく、そして食べやすい形で提供することだけを考えてきました。

たとえば、お新香は、長い物を1本買っても少人数の家庭では余ってしまうので、最初は**「ひと切れ10円」**で売りました。大根の漬物も長い物だと30センチくらいあるので、**10切れずつ入れて100円のパック**に。豆腐もひとり暮らしの人に1丁は大きすぎるので、**半分とか4分の1に切って、小さな削り節としょうゆを置いておく**と、ポンポン売れていきました。そうしたことは、当時はどの店もやっていませんでしたが、**商品というのはちょっとした工夫で売れる**ものなのだということがよくわかりました。

レパートリーは500種超、店頭には300種

現在、お惣菜のレパートリーは500を超えていて、そのうち300種類ほどを季節感

を大切にしながら店頭に出しています。

朝、昼、晩とお客様が求めるおかずは違うので、それに合わせてお惣菜も出す時間によって変えていきます。

朝早い時間に買い物にいらっしゃる方には、お昼ごはん向けのお弁当などを中心に、午後のお客様は夕食向けのお惣菜を、という具合です。

お惣菜は「家庭の味」ですから、特に凝ったメニュー、斬新なメニューはありません。専務はどの家にでもありそうなメニューに自分なりの工夫を加えたり、材料の組合せを変えてみたり、そして「こんなおかずが食べたい」というお客様からのリクエストに真剣に向き合いながら、少しずつメニューを増やしていきました。

そして、30年にわたる毎日の努力の積み重ねの結果、５００を超すレパートリーとなりました。

１回に店頭に並べるお惣菜は、同じ種類のものはだいたい10パックほど、少ないものは5パック、多くても20パックほどです。また、家族構成によってほしい量が違うので、それぞれ**大中小の3種類用意**するようにしています。

商品を切り替える時間の前でも、出したものが売れてしまえば、また別のものを出します。たとえば、お弁当を10個出すと、10個まとめて買っていかれるお客様もいるので、すぐに別のものをつくって、追いかけっこで出しています。

メニューは季節感を大切にして、春はたけのこ、夏は地元の山で採ってきたフキ、秋は栗ごはん、冬には地元で「雪菜（ゆきな）」と呼ばれる野菜を湯がいて、油揚げと一緒に煮びたしにします。

野菜もハウス栽培のものではなく、畑にあるもの、季節のものを大切にします。たとえば、フキは一年中ありますが、夏は採ってきたばかりの旬のものを使うと、お客様も「香りも食感も全然違う！」と喜んでくださいます。

栗ごはんの季節には、早朝からお客様が店の前に並んで、「栗ごはんを買いにきたんだよ」と言ってくれます。そうした声を聞くのは、本当にうれしいものです。

「地元客4、地元外が6」――1日に2つのピークで売れる流れをつくる

現在、惣菜部門の売上は「**地元客が4、観光客や地元以外の方が6**」の割合になっています。秋保町は人口が４７００人程度しかいませんので、地元の売上はこれが限界でしょ

う。地元以外ではやはり仙台中心部のお客様が多く、山形市からも約50㎞ですが、わざわざ車で買いにいらっしゃるお客様も大勢います。

ご家族でおばあちゃんを連れて車で店にいらっしゃる方もいて、見ていると、息子さんやお嫁さんがカゴを持って、おばあちゃんに好きなものを好きなだけ買わせています。おばあちゃんは惣菜のパックをたくさん買い物カゴに入れ、本当に満面の笑みで喜んで帰っていきます。きっとそのおばあちゃんにとって、さいちの惣菜は、昔自分たちが手をかけてつくっていたのと同じ、懐かしい味なのでしょう。

あとは、秋保温泉にいらしたお客様が、帰りにお土産で買っていかれるケースがとても増えています。秋保温泉は仙台市内に近いこともあり、宿泊客、日帰り客合わせて年間140万～150万人が訪れます。東北ではトップクラスの集客数ですが、そのお客様がさいちのお客様にもなってくださるのです。

うちの駐車場や店前の道路には、毎朝、旅館の送迎バスが停まり、宿泊帰りのお客様がどっと店内に入ってきます。さいちのおはぎとお惣菜は、すっかり観光客の方に浸透しているのです。

お客様にお話を伺うと、購入目的はご家庭へのお土産用だそうです。うちのおはぎとお

■惣菜で一番人気の「五目煮」

惣菜を買って帰ると、「またお土産買ってくるね」と、家族に言って再び温泉に来れるのだとおっしゃいます。だからでしょうか、「なんとしてでも買っていかないと」と、お惣菜ができるのを待ってでも買っていかれます。

お惣菜の中で特に人気なのは、「五目煮」です。最初はおはぎを目当てにいらした方もふと後ろを見ると煮物があるので、「あれっ?」と思って買っていく方が徐々に増えていきました。

普通のお店ではお惣菜は晩御飯用に買うので午後から売れるのですが、うちはこうした理由で、**午前中に大きなひとつのピーク**があるのです。

物に心を入れる――さいち「3つの心」

●なぜ、「家庭の味」がライバル？

さいちのお惣菜のライバルは他の店の商品ではありません。それぞれのご家庭の料理です。これは、各家庭の料理よりおいしくなければ、絶対に買ってはもらえないからです。逆に言えば、毎日家庭で食べるような惣菜をおいしくつくって提供すれば、「またさいちで買おうか」と思っていただけるということです。

特に近年急増している高齢者世帯では、料理に手間をかけるのは大変なので、昔ながらの「家庭の味」のお惣菜はとても喜んでいただけるのです。

ですから、「どこよりもおいしくつくる」というときの「どこよりも」は、うちの場合は一般の家庭のことを指しています。決して、ライバル店や業界関係者ではないのです。「家庭の味」が基本ですから、食材に特別なものは使いません。そして、防腐剤や化学調味料は使わず無添加のものを提供し、「安全・安心」は必ず守るようにしています。

また、お客様のお目当てのお惣菜が売り切れていて、「いつものないの?」と言われたときには、専務がすぐに調理場でつくって出します。すると、お客様は喜んで買っていかれます。

もちろん、材料が切れてしまっているときは無理ですが、**あればすぐにつくる**。それがさいちの基本です。かかる時間はメニューによって違いますが、煮物などでも「ちょっとお待ちください」と言ってパッパッとつくってきます。

「もうないの?」とお客様に聞かれて、「売り切れたので、もうおしまいです」と店員が言ってしまったら、本当におしまいです。

たとえ一品でも手まめにつくるのが、私たちのような小さな店のやるべき本来のこと。

逆に、大きな店にはなかなかできないことだと思います。

たしかに手間はかかるし面倒ですが、そこをやらないから売れなくなっているということも言えるのではないでしょうか。

熱を出した孫が「どうしても食べたい」おにぎり

お客様はおいしくなければ買ってはくれません。逆に、おいしければ絶対買ってもらえます。そして「ここのお惣菜はおいしいから」と、わざわざ買いにきてくださったお客様には、最大限の誠意でお応えしなければなりません。

ある日のこと。常連客のおばあちゃんが**「孫が熱を出して、喉が痛いと言って何も食べないのに、さいちのおにぎりが食べたいって言うの」**と言って店に来ました。「味噌田楽」と呼んでいた、「味噌をつけた焼きおにぎりがどうしても食べたい」と言うのです。おばあちゃんがもっと食べやすいものをと思っても、何をつくっても手をつけない。それで困ってうちにいらしたのでした。

味噌田楽をつくってお客様に渡すとき、専務は**「お湯でやわらかくしてみたらどうですか?」**などとアドバイスしていたのですが、あとでそのおばあちゃんがとても喜んだ顔で店に来て、こう言ってくれました。

「孫がそのまま食べたいと言うから食べさせたら、〝おいしい、おいしい〟とペロリと食べて、すごく元気になった」

こうした話が口コミで地元のお客様の間に広がり、お惣菜はどんどん売れるようになったのです。

地元のお客様の口コミは、何にも勝る宣伝効果です。こうしたよい口コミをいただけたのも、お客様に率直に相談し、いつもコミュニケーションを取って、どんなものが食べたいのかを徹底的に考えてきたからではないかと思います。

四季に関係なく売れ続けるのは、他がやらなかったからこそ

さいちの惣菜部門が伸びる大きな原動力になったのは、「煮物」でした。

煮物はこのあたりでは「お煮つけ」と言って、私も専務も若い頃からずっと食べていたものです。店では「五目煮」の名で出しています。

お客様に「煮物も食べたい」と言われたのがきっかけでつくり始めたのですが、当時は他のどのスーパーでも、煮物はやっていませんでした。材料ごとに煮る時間が違うので、一品一品を別々に煮なければならず、とても手間がかかるからです。

いくつもの材料をいっぺんに煮る筑前煮という煮物もありますが、**さいちでは別々に煮**

て昔ながらの煮物をつくっています。

大根など材料が5種類あれば鍋が5つ必要になりますし、均等に煮るのはとても難しいので、他はどこもやらないのです。

ところが専務が煮ると、とてもおいしくできるのです。おかげで煮物はお惣菜のメイン商品になり、お土産としても買っていただき、**季節に関係なく年間を通じて一番売れています。**

ただし、化学調味料を一切使わないので、おいしい味を出すには苦労しました。野菜の組合せやバランスのよい並べ方、色味もちょっと青いものを入れてみたりと、いろいろと試行錯誤がありました。

調理場のスタッフも、最初は盛りつけがうまくできずに大変でしたが、いまではみんなうまくできるようになりました。材料の種類がなくなってきて、残っているものでやらなければいけないときにも、「昆布でも煮て、ここに混ぜたらどうだろう?」などと、専務を中心に一生懸命知恵を絞りながら、みんなでつくっています。

専務は他の人の3倍くらいつくるのが速いのですが、それでも煮物を始めてからは朝のスタート時間を早めなければいけなくなりました。

それ以前は朝4時から作業を始めて間に合っていたのが、早朝1時半には調理場に入らなければいけません。それが最大の悩みと言えば悩みになっています。

惣菜＝「心の入った物」

お惣菜の「惣」の字には「心」という字が入っています。お惣菜は「心の入ったもの」。お惣菜づくりにおいては、**お客様を思う心が第一。心を忘れては絶対にダメなのです。**

ですから、**心をこめてつくる。それが正しいことであり、それができるのが正しい従業員**です。**「見えない部分を大事にする従業員になってほしい」**、私はいつもそう言っています。見えない部分とは、**徹底的に考えること、そして自分を磨くこと**です。

ただつくるだけなら誰にでもできます。でも心をこめずに、なんとなくつくるのではダメなのです。マニュアルどおりにつくるのでは心が入りません。

おいしいもの、本物をつくるんだという気持ち、それをお客様に食べてもらいたい、食べて喜んでもらいたいという気持ち、そして自分自身が成長できるように……そんな願いをこめてつくるんですよ、と私は従業員には言っています。

さいちでは、惣菜づくりのモットーとして、**「さいちの3つの心」**という言葉を掲げています。

1　どの家庭の味よりも、さらにおいしいこと

2　毎日食べても、飽きがこないこと

3　時間が経っても、そのおいしさが失われないこと

この「3つの心」は、「家庭の味がライバル」なのだという意識がしっかり確立したときに生まれてきたものです。専務の惣菜づくりへの思いが表現されています。

家庭の味と競うためには、**心をこめてつくることが最低条件**なのです。

●時間が経っても、おいしい理由

「さいちの3つの心」の3番目には、「時間が経っても、そのおいしさが失われないこと」とありますが、言葉で言うのは簡単でも、実際には本当に難しいことです。

でも、さいちのお惣菜は時間が経ってもずっとおいしい、とほめていただいています。

その秘訣は、やはり手間を惜しまないということに尽きるのではないでしょうか。

たとえば、他のスーパーのお惣菜のパックを見ると、底のほうにつゆが溜まっていることがあります。刺身のパックにドリップが出てしまっているのと同じ状態です。こうなると、うまみが水分と一緒に抜け出してしまい、おいしくなってしまいます。

ところが、さいちの煮物のパックには、つゆが溜まっていません。それでも、味は十分に染み込んでいるのです。

その秘密は、もちろんつくり方にあります。

煮物は大きな鍋で煮ていますが、「よく煮えて、つゆが染み込んだな」と思っても、鍋を傾ければつゆが多少見えてきます。ここで鍋から大根を引き上げて扇風機にかけて冷ますと、大根は冷めてきてシワシワになります。**実はこの状態は大根が「水分がほしい」と言っているサイン**なのです。そこに鍋の底に残っている熱いつゆをかけてやると、**スーッと喉の渇きを潤すようにつゆが大根に染み込んでいく。**この繰り返しで大根に味を染み込ませていくのです。

そのうち大根全体の色が同じ色になってくると、つゆが十分かつ均一に行き渡ったことがわかります。

以上のことは専務の相当な研究の成果で、煮物だけでも、ノウハウの蓄積には相当な時間を積み重ねています。

ダシについては、ご家庭ではダシの素を使っていることも多いでしょうが、うちではダシの素は使わず、全部昆布や鰹節から取っています。ですから煮物なども、毎日食べても飽きがこないのです。

●新商品のアイデアは、いかにして生まれるのか?

専務が新しい惣菜を思いつくのは、頭が空っぽのときが多いようで、**「夜ぐっすり寝て、目覚めたときにパッと思い浮かんだ商品が100%売れる」**と言います。

何かをふと思いついたら、ティッシュペーパーでも何でも近くにある紙にちょっとメモ書きをしておく。あとで見ても全然読めないような字でも、それを思い出しながらつくった商品は成功するようです。

たとえば、「いま、どんぶり物が少ないな」と思いながら寝て、起きたときにふと鰻丼を思いつく。もちろん、普通の鰻丼ではなく、**生姜を先に煮ておいた中に鰻を切って煮しめて鰻の臭みを消し、それをごはんに乗せて、さらに生姜をトッピング**する。凝ったものではありませんが、こうした**ちょっと手を加えただけのものが本当によく売れる**のです。

繰り返しになりますが、新しいお惣菜といっても、うちが出しているものに特別めずらしいもの、斬新なものはありません。

組合せとか盛りつけとか、味つけ、やわらかさや硬さなどを上手にやることで、お客様に新鮮に感じていただけるものに変身します。

専務は、料理の先生について教わったような経験はまったくありません。

ある特定の先生に師事したら、結局その先生の範囲内で終わってしまいます。「うちはどこそこの有名な先生に教わりました」と言ってお客様に売りつける。これでは、創意工夫もその段階でストップしてしまい、お客様に喜ばれるものができるはずがありません。

その日その日の材料で臨機応変に！　これは自分の創意工夫で腕を磨いてきたからこそ可能なのだと思います。

朝1時半から調理場に入り、お客様の笑顔を思い浮かべながら真心こめてお惣菜をつくる。それが、さいちの惣菜が支持される最大の秘訣なのかもしれません。

第3章

「惣菜をつくる姿勢」をつくれ！
さいち式・レシピなしの人づくり

チラシ、レシピなしでも、口コミ商品が生まれる人づくり

●スタッフのやる気を引き出すたったひとつの方法

さいちは、おはぎとお惣菜の「惣菜部門」が売上の5割を占めていますから、おいしいおはぎとお惣菜をつくれるスタッフを育てることが店にとっての生命線です。

惣菜をつくる姿勢、惣菜をつくる気持ちをどうつくっていくか。

そこが経営者として、最も問われるところだともいえます。

現在、惣菜部門には、おはぎ10人、惣菜20人がいます。惣菜づくりを担当しているのはほとんどが女性で、近隣の主婦パートの人もたくさんいます。

惣菜は文字どおり、「心の入った物」と書きますから、実際に調理した人の気持ちが惣菜の味にストレートに出ます。調理する従業員の心をきちんとお客様に向けること、お客様のために一生懸命つくる気持ちを保つことがとても重要になります。

たとえば、家を出てくる前に旦那さんとケンカしたとか、お姑さんに何か言われたとか、人間ですからいろいろ嫌なことがあります。しかし、その気持ちを引きずっていると、調理場でミスが出やすくなりますし、おいしいものがつくれません。

ですから、「調理場に入ったら忘れよう」「気持ちを切り替えてがんばろう」ということを徹底して言っています。

添加物を一切使っていないので、うちの店の惣菜づくりはとても大変ですし、厳しいものです。調理場を任せている専務は、きちんとした味が出ていなければ、担当したスタッフに「これではお客様に出せない」とハッキリ言います。

一方で、専務はとてもほめ上手で、**お客様に「おいしかった」と言われたときは、つくった従業員をお客様のところに連れて行き、直接お客様にほめてもらいます。**

「この子がつくったんですよ」と紹介され、お客様に直接「とってもおいしかったわよ」とほめられると、スタッフは心底感激し、その思いをずっと忘れません。

その感動で嫌なことも全部忘れてしまいます。家庭での嫌な思いも専務に叱られたこともすべて忘れて、「うれしい」という気持ちだけが残るのです。

お客様の声は、スタッフの心、姿勢を育てる最大のものなのです。

普通のスーパーでは、調理場にいる人がお客様の顔を直接見たり、話を聞いたりする機会が少ないものです。

でも、それではお客様のために心をこめて、いい商品をつくれるでしょうか。

惣菜部門のスタッフには、いつもこう言い聞かせています。

「お客さんがニコニコ笑顔で、楽しく買っている姿を想像しながらつくってくださいね」

でも、実際にお客様に直接ほめられる経験をした人は、そう言われなくても自然に「お客様の笑顔」を想像しながら仕事ができるようになるのです。

材料の値段が上がっても、お客様のために値段を上げないのがさいちの基本。お客様の笑顔を想像できるスタッフは、何も言わなくても、ものを大切にする気持ちになっています。

また、せっかく生産者さんが一生懸命つくり、問屋さんが一生懸命持ってきてくれた材料を、100%使い切ろうという姿勢も持てるようになります。

「材料が上がり、値上げが当たり前のような時代でも、うちはお客様のことを考えて値上げしないでがんばるんだ」

そう言ってお願いすると、スタッフはみんなピンと来るのです。

お客様の笑顔のために、材料の無駄をなくし、最後まで使い切る。そして、工夫をして大事に扱う。その結果として、利益が出てしまうのです。

なぜ、職人を採用しないのか？

パート主婦の場合、たいてい家庭で料理経験があるので、惣菜部門を希望してきます。私は採用時に、最初のうちは「少しでもお惣菜づくりができる人」を選んでいましたが、これは全部失敗でした。

あとになって気づいたのは、私が「お惣菜について知っている人」と思ったのは、「アピールするために知っているような顔をしている人」だったのです。結局、その人たちを調理場で預かる専務が苦労することになりました。

こういう人たちは、口先だけで知ったかぶりをするので、気持ちの部分から直していかなければいけません。一回ゼロに戻して教えていかなければならないのですが、人間、「ゼロに戻す」のは大変です。その間も給料はしっかり払うので、結果的にものすごくお金がかかってしまうのです。

かえって、学校を出たばかりで何の経験もない新入社員のほうがはるかにやる気があって、早く伸びてきます。

私もいろいろ痛い目に遭ってきましたので、お惣菜に限って言えば、「あの店の調理場でこんなことをしていた」「あの調理の先生を知っている」「いささか包丁を使ったことがある」という人は、ご遠慮願っています。

また、さいちでは職人を雇うことはありません。はっきり言うと**「職人はダメ」**なのです。

目指しているのは「一番おいしい家庭の味」であって、職人の料理ではありません。お嫁さんがその家の料理を一つひとつ覚えていくように、従業員も一品一品覚えていってくれればいいのです。

専務は「3か月あれば、おはぎも含めてどんなお惣菜も教えることができる」と言っています。**「料理の勉強は長くやらなきゃダメ」というのは先入観でしかありません。**

じゃがいもはじゃがいもの味、かぼちゃはかぼちゃの味を引き出すのがうちの特徴というか、それが家庭の味。**田舎の小さなスーパーに、料亭のように凝った料理はいらない。**

それがさいちの原点です。

「あなたはゼロだと思ってください」――近所の主婦を鍛える方法

どの仕事でもそうですが、伸びる人とは、**素直に人の話を聞く人、そしてきちんと質問できる人**です。質問できなければ、いつまで経っても仕事を覚えることはできません。

調理場でお惣菜づくりを教える際に、専務は最初に**「あなたはゼロだと思ってください」**と話します。

パート主婦たちはそれぞれ自分の家庭で料理をしてきた、その意味ではベテランですが、さいちの味に関してはゼロからのスタート。ですから「ここに来たときは1年生だと思ってください」と言うのです。

ちょっと厳しいようですが、プロとして商品をつくる際、「自己流はダメ」なのです。「さいちにはさいちの味がある」、そう悟って、自分が知っている料理でもきちんと話を聞ける人は、ぐんぐん伸びていきます。

味つけも、自分がつくってきた家庭の味とさいちの味は違います。

ですから、店でつくるときにはまず、薄味にしておくように言います。薄味にしてあれば、あとで専務が調整できますが、最初に自分なりの味つけをしてしまうと濃くなりすぎたり、お客様に出せない味になってしまうからです。お客様あっての商売ですから、ただ商品をつくって出せばいいというものではありません。

材料を入れる順序も、さいちにはさいち流があります。

たとえば、きんぴらごぼうをつくる際には、しょうゆを先に入れ、砂糖を少しずつ混ぜていかないとパリパリ感が出ません。最初からしょうゆと砂糖を一緒に入れてしまうと、パリパリ感が全然出なくなってしまうのです。

ですから専務は、お惣菜のつくり方を一から手取り足取り根気よく教えていきます。

一方、熱心なスタッフは、家に帰ったあとも自分で勉強しています。その日、調理場でやってみてできなかったことを家で試してみる。試行錯誤して、翌朝、専務に質問してくる。そういう人は、とてもよく伸びます。

なぜ、レシピを排除したのか?

さいちのお惣菜には「レシピ」はありません。いわゆる**「マニュアル」は捨ててしまったわけです。**

レシピを使って教えるのではなく、専務が一品一品、その従業員に任せられるようになるまでマン・ツー・マンで口伝えで徹底的に教え込みます。レシピがあると、「レシピどおりにつくって終わり」になってしまい、反省が生まれません。

人は反省がなければ成長しないのです。

たとえば、このお惣菜とこのお惣菜はAさん、このお惣菜はBさんというように徹底的に教え、Aさんが完全に身につけたら、**今度はAさんから新しい人に指導**してもらう。教える立場になると、もっと勉強しなくてはならないので、**新しい人に教えることでAさんはまたぐんぐんと伸びる**のです。

そうして、あるお惣菜が専務の手を離れると、専務はまた別のお惣菜開発に力を入れることができるわけです。

ときどき、「昔のあのお惣菜が食べたいな～」と言うお客様がいらっしゃると、専務は一品だけでもそれをつくって差し上げます。お客様は本当に喜んでくださいますが、その姿をスタッフは間近でよく見ているのです。

一人ひとりのお客様を大切にし、真心をこめてつくる。

この信条、理念はスタッフに浸透していて、いまでは専務が調理場を離れても、自分たちだけでできるようになってきています。

しかし、何かあったときの臨機応変な対応にはまだまだ専務の力が必要です。たとえば、栗ごはんを炊いたときや、煮物を煮ているときでも、専務はにおいでわかると言いますから驚きです。

さいちが複数店舗にできない理由は、実はここにあります。もちろん経営面から言えば、複数店舗のほうがいいに決まっていますが、専務と同じ味が出せる人が他にいないのですから仕方ありません。無理に複数店舗にして、大切なものを失ってしまっては元も子もありません。

〝おはぎ事件〟——たった一度だけ、社員を猛烈に叱ったこと

私はめったに厳しく叱ることはありませんが、一度だけ、猛烈に社員を叱ったことがあります。おはぎについて、お客様からクレームというか、注意を受けたときのことでした。

あるとき、いつもおはぎを買ってくださっているお客様にこう言われました。

「おいしかったよ。でも、ちょっと違ったね」

■裏側まであんがぎっしりの「秋保おはぎ」

実は、おはぎのあんの載り方がいつもと違っていたのです。さいちの「秋保おはぎ」は、あんが表面全体を多い、裏まで回っているのが特徴です。

ところがお客様のお話を聞くと、あんが全体にかからずに、下のもち米が見えていたところがあったというのです。

私はおはぎの担当者を呼び、厳しい口調でこう言いました。

「これじゃあ、お寿司と同じだよ。うちのおはぎじゃない。忙しいからというのは理由にならない。商品は絶対にキチッとつくってもらわないと困る」

２００2年3月31日付の地元の新聞に、「秋保おはぎ」の全10段広告を出しました

が、その中央には原寸大のおはぎの写真がポンと載っています。私は額縁に入れてあるその新聞広告を見せながら、

「これが『秋保おはぎ』です。これ以外はうちの商品じゃないから、もしそうしたものがあったら全部廃棄処分にします。ひとつでも違うものがあったらお客様に申し訳ない。私は一人ひとりのお客様を大事にしたいんです」

さらに、「廃棄処分にするような事態がもし起きたら、私だけでなく、あなたたちにも責任を取ってもらいます」ともはっきり言いました。

「不服な人は、いつでも辞表を持ってきなさい。私は受け取ります」

これほど叱ることはめったにありませんが、お客様に〝本物〟を提供していない状態を見逃すわけにはいきません。ニコニコしていていいときと悪いときがあるのです。このときは、あえて言葉をきつく、声を荒らげて言いました。

この〝おはぎ事件〟があったとき、私は朝礼で「正しいこと」についてお話ししました。「正しい」という字は、五感の集約です。**そのひとつが欠けても「正」という字にはならない**のです。忙しいからと言って、少しでも手抜きがあったら、商売として正しくない。**正しくない商売は絶対に長続きしません。**

従業員を叱るのは、その従業員に対する愛情です。表現の仕方はいろいろあるでしょうが、私が時に厳しく叱るのは、その従業員がダメになってしまっては困るという気持ちがあるからです。

●「叱り役」と「ほめ役」、二人三脚の人育て

私はあとで知ったのですが、〝おはぎ事件〟で私に叱られた女性スタッフのひとりが、翌朝早く調理場に来て、涙を流しながら専務に「もう一度教えてください」と言ってきたそうです。彼女は一晩中悩んだようでした。

専務は見本として、おはぎを握って見せました。

「あんを巻いたあと、もう1回指をクリンと入れると下まであんが行くのよ」

もちろん、このあんの巻き方は全員に教えてきたことです。それでも一緒にあんを巻く作業をしていて、あとで教わった人のほうが手早くできるようになってくると、〝私のほうがベテランなのに〟〝自分も負けていられない〟と思ってしまう。そのペースに無理に合わせようとして、つい行き届かないところが出てしまったということでした。

悔しい気持ちはよくわかります。専務はその女性スタッフにこう言いました。

「このやり方は私の個性だから、あなたが同じようにやるのは大変だと思う。あなたには別の個性がいろいろあるはずだから。

でも、これがうちの商品である以上、そこに近づいていかなくてはダメなのよ。どこまでも百点という点数はない。私も百点は取れない。でも、そこに向かって伸びていくことが大事なんだよ」

そして専務は最後に、**「がんばるんだよ」**と言って、その従業員を励ましました。

スタッフは一人ひとり、必ずいいところを持っています。叱るべきときは厳しく叱りますが、逆に**よくできたときはうんとほめてあげる。**どちらかというと、私が叱り役で、専務がほめ役。**二人三脚でスタッフを育てている感覚です。**

おはぎで失敗した彼女にも、得意なものはたくさんあるので、専務はそこをほめて、**「だから、焦らなくていいんだよ」**と言いました。

ほめられると、その人の心が育っていきます。育った心がよりおいしいもの、本物をつくってくれるのです。

「従業員が自然にフォローし合う仕組み」をどうつくるか？

同じ仕事を任せていても、早くできる人、遅い人がいるのは当然です。

〝おはぎ事件〟のようなことはめったになく、さいちの調理場では、誰かが遅れているなと思うと、必ず早くできた人がフォローしにきます。また、ある従業員が何かの都合で「今日は何時に帰らなければいけない」というときには、他の誰かがスッと応援に入ります。自然に助け合うことが当たり前のようになっているのです。

専務は初めての人が調理場に入ったときには「慣れていないから、お手伝いするんだよ」とベテラン従業員に言います。そのベテランが忙しいときは、何も言わなくても別の人がちゃんと慣れていない人を見てあげるのです。

こうした姿勢を身につけさせるために大事なのは、**経営者が自ら調理場に入る**ということです。社長なり専務、常務なりが、月に2日でも3日でも、1日1、2時間程度でもいいので調理場に入り、直接従業員と一緒に仕事をする。大手ともなると、経営者が従業員と直接顔を合わすことがほとんどないかもしれませんが、一緒に何かをすることが大事だと思います。

たまにでも、手伝いにきてくれた経営者にポンと肩を叩かれて「ご苦労さん」と声をかけられたら、その従業員は本当にうれしいし、光栄に思うでしょう。

逆に、社長が遠い存在で、ただ「やれ」と言ってハッパをかけても、従業員は動きません。心が動かないからです。

現在、調理場は専務にすべて任せていますが、実は私も**最初の10年間は調理場に入っておはぎのあんづくりを専務に習っていました**。

ですから、誰かにおはぎのつくり方を聞かれても、教えられます。早朝から従業員やお客様には内緒でやっていたのですが、続けていると従業員はもちろん、お客様にも「社長、あんをつくっているんだってね」と自然に認知されるようになりました。専務に教わっているときは、本当に真剣でした。

やはり自分でつくり方も知っているからこそ、自信を持ってお客様に売ることができますし、普段は直接接することの少ない惣菜部門で働く従業員の環境や仕事の苦労、悩みも理解することができます。

もし〝おはぎ事件〟のようなことが起きたときに、私がおはぎづくりをまったく知らなかったら、その言葉は叱られた従業員に届かないでしょう。

「社長は現場を知っている」と思っているからこそ、あれだけ厳しく叱っても、従業員は私の言葉を真剣に受け止めてくれるのです。

長くいてくれて、頼りになる人を育てるために

●景気が悪いときこそ、小さな会社は人材獲得のチャンス！

さいちは、私が社長、妻が専務、息子が常務のいわゆる家族経営です。

従業員は時期によって細かい変動はありますが、現在総勢53人。うち**正社員が15人**、時間パートで1日6時間と8時間の方が13人。4時間パートの方が25人います。

調理場の最高齢は74歳の女性で、男性でも72歳の方がいて、本当に頼りにしています。

うちの店はパートさんも含めてとても長くいてくれる人が多く、私の経営理念をよく理

解して働いてくれるので、非常に助かっています。

一方で、昨年は新卒の新入社員を6人採用しました。4年制大学卒が男女1人ずつで2名。あと4人が高卒です。

うちのような過疎地の小さな店にとっては、**不景気は人材を獲得する絶好のチャンス**です。景気のいいときは仕事がいくらでもありますから、どうしても規模の大きな会社や立地のいい会社に人材が流れてしまい、人を採るのが大変なのです。

また、景気のいいときは応募してくる人たちの中にも「クビになっても他にいくらでも働き口がある」という意識がどこかにありますから、ちょっとしたことでも不満を持ってすぐ辞めることを考えてしまう。すると、苦しいことを乗り越えようという姿勢も育ちにくいのです。

こんなときは、経営者がいくら正しい仕事の姿勢を伝えようとしても、真剣に聞いてくれません。

逆に景気が悪く、他に仕事がないときにはみんな必死です。経営者が何も言わなくてもその意図を理解しようとし、さらに自分で工夫し、努力してくれる。

経営者の中には、「景気が悪い」とぼやく人が多いのですが、こんなときこそ人材獲得のチャンスだと考えてみてはどうでしょうか。やる気のある人材は必ず苦しい状況を打ち破る力になってくれます。

さいちには10部門、計20セクションありますが、そのうちおはぎとお惣菜の「惣菜部門」が売上の50％を占め、利益の多くもこの部門で稼いでいます。逆に言えば、さいちの経営は惣菜部門で支えているわけで、50％というのは他の店の方から見るとびっくりされる数字です。

しかし、賃金体系は他の部門も惣菜部門も同じです。部門間でローテーションを組んでグローサリー関係に異動したり、また戻したりということもあります。

同じ部門にずっといたのでは、他のセクションのことが理解できません。

たとえば、ずっとレジ係で、惣菜部門未経験の人には、惣菜部門の苦労がわかりません。逆に、惣菜部門の人にはレジ係の苦労がわかりません。ローテーションを組むことでそれぞれお互いの苦労も都合もわかるし、他の部門に知り合いもできてコミュニケーションも取りやすくなるのです。

全員が店のすべてのことを知っていることは、接客のうえでもとても大切です。

たとえ他の部門のことでも、こんなに小さな店ではお客様に質問されたときに「わかりません」という言葉は絶対に吐いてはいけないのです。

今年新卒で採用した6人は、お惣菜に2人、おはぎに2人、レジ、品出しにそれぞれ1人ずつ配属しましたが、全員に「将来は他のセクションに回しますよ」と言っています。

採用のポイントは「挨拶」と「雑談」

採用のときに一番重視しているのは、やはり挨拶です。

スーパーはお客様とのコミュニケーションが第一ですから、挨拶ができなければ話になりません。ところが、実際に採用しようとすると、「はい」という返事さえきちんとできない人もいるのです。

極端に言えば、返事ができない人は、存在価値がありません。返事ができなければ、その人に仕事を頼むことができないからです。

たとえば、何か用事を頼んでも、返事をしてくれないのではその用事をやったのかやらなかったのかがわかりません。これでは共同作業はできません。

面接のときにはまず、しっかり声を出して挨拶できるかどうか。あとは難しい質問をするのではなく、雑談をしながらその人の人間性を見ます。

難しい質問の場合、相手も面接対策で事前に答えを用意してきているので、かえってスムーズに答えることができ、あまり参考になりません。ですから、雑談の中で出てくるこちらの質問にパッと返事がくるかどうかを見るのです。

逆に、自分が勉強してきたことをベラベラしゃべるタイプの人も評価できません。聞かれたことに対して、きちんと答える姿勢が一番です。採用後も問われるのは、**本当に必死になってやろうとする前向きな姿勢**です。

あとは学校の成績、通知表も大事です。採用試験で学校の成績を重視しない会社も多いようですが、私は「努力できるかどうか」の判断として、成績を重視します。たとえ、あまり偏差値の高くない高校や大学でも、通知表の成績がよいということは、その中でもきちんと努力してきた証になります。ちょっと偏差値の高い学校に入っても、その中で努力してこなかった人はダメなのです。

接客のライバルは温泉旅館

社員教育をおろそかにすると、お店は絶対にやっていけないと考えているので、従業員は徹底的に教育します。そのために、5年前からは特別予算を取って研修しています。新入社員向けには、泊まりがけで合宿研修を何回も実施し、それとは別に従業員対象の勉強会も月に2回やっています。専門業者に頼んでいるので、お金はかかりますが、これは絶対に必要だと思っています。

他社の方々がさいちに研修に来るほとんどの目的は、「惣菜づくり」ですが、うちが従業員に対してやっている研修の大きな柱は接客です。

さいちは温泉街にあり、**温泉帰りを含む地域外のお客様が売上の6割**を占めています。そのお客様は旅館で礼儀正しい丁寧なサービスを受けてきて、うちの店にいらっしゃいます。感覚的に旅館の延長線上にあるので、知らず知らずのうちに旅館のサービスと比較されてしまう。普通の店と同じように接客していても、「ここの接客はなってない」と思われてしまう可能性があるのです。

つまり、お客様が設けている接客のハードルが最初から高いので、ただ「一生懸命やったつもり」ではダメ。従業員に旅館さんにも負けない接客アプローチを身につけさせなければ、と考えたのが研修を始めたきっかけでした。

ただし、研修対象を社員だけに限ってしまうと、どうしても時間パートとの間で格差が出てきてしまいます。これでは、やる気やチームワークに悪い影響が出る可能性がありますし、従業員によってお客様に対するサービスに差がついてしまいます。そうならないように、全従業員を一緒にし、長いアプローチでの全員教育に重点を置いています。そのうえで、専門的な技術が必要な人にはさらに特別な研修を受けさせます。うちのような小さな店でも、それほど従業員教育は大切だと思っているのです。

社長の意図が現場で曲解されないために

店づくりで気をつけなければいけないのは、経営者の意図が現場に間違った形で伝わってしまうことです。

たとえば、トップが「なるべくいいものを使って、いいものをつくってほしい」という思いから、ＡＢＣＤというランクの中で、一番品質のいいＡという大根を１本１００円で購入する予算表を現場におろしたとします。

ところが、現場の主任は「会社のためになんとか利益を上げなければ」という気持ちから、問屋に「１００円のＡじゃなくて、60円のＤでいいから持ってこい」と指示してしまう。ＡでもＤでも大根であることに間違いはありませんが、品質には大きな差があります。Ａを使うべきところにＤを使うと、でき上がった商品の味は下がってしまうのです。

お客様は品質に敏感ですから、まもなくその商品は売れなくなります。やはり一生懸命、いい商品を追求している惣菜屋さんとは品質面で差が出てしまうのです。

こうした問題が起こるのは、経営者が日頃から自分の経営哲学、経営理念を従業員に伝えていないことに原因があります。

たとえば、トップが「利益は絶対に大切。そのためによいものをつくる」と考えていても、現場の人たちが「利益は大切」の部分しか理解していなければ、よいものをつくるよりも、「まず利益」ということになってしまいます。

その結果、必然的に売上が落ちるのですが、現場の人にはその理由がわからないので、「天候が悪かった」「景気が悪かった」などと自分以外のせいにします。

ところが、経営トップは現場にいないので、その裏側を見抜くことができません。やはり上司が現場にいることが大切で、そうでなければトップの意図は現場にはなかなか伝わらないのです。

こうしたことは会社の大小、店の大小に関係なく起こります。

会社が大きくても小さくても、人間の心は同じです。小さな会社だから社員はわかってくれているだろうと思うのは大間違いで、現場に任せっぱなしでただ言葉でハッパをかけて「やろう」と言っても無理なのです。

逆に大きな会社では、トップが現場に入るのは難しいと思われるかもしれませんが、実際に大企業でも、トップが率先して現場に立っている企業もあります。

たとえば、ヤオコーの惣菜部門を立ち上げ、現在、スーパーでデリカ売場を展開する「三味」の小平昭雄社長は、真っ先にさいちに視察にいらして、惣菜づくりを研究されていかれました。「社長は自らを正して、正しく従業員を導かなければならない」と言って、社長が先頭に立って仕事に励んでおられます。その姿勢には本当に頭が下がります。

経営者と現場の人たちがキチッとコミュニケーションが取れる。会社の理念を全員が共有できるかどうかのポイントは、それだけだと思います。

社長の話は「月2回・5分以内」にとどめる

経営者の考え方を従業員に伝え、従業員の心をひとつにするうえで重要なのが、朝礼です。

さいちでも朝礼は毎朝やっていますが、ほとんど各売り場の主任に任せています。私が朝礼で話をするのは**月に2回だけで、それも5分以内**と決めています。

いまは厳しい時代ですから、ひと言言うだけで従業員は理解してくれますから、話は本当に短く、要点だけですませます。朝礼で毎日のように社長が長々と話をしては従業員は「またか」と思ってしまい、伝えるべきことが何も伝わっていないことがよくあります。

その代わり、「企業理念」「行動指針」「誓いの言葉」を書いた1枚のプリント（↓左ページ）を全従業員に配布し、それを朝礼には必ず持参してもらい、**「企業理念」と「誓いの言葉」は全員で唱和**します。極端に言えば、私はこれだけを従業員がきっちり理解してくれればいい。これが身体に染み込んでいれば、どんなことにも応用できると思っています。

■さいちの企業理念、行動指針、誓いの言葉

朝礼に持参して下さい

企業理念（朝礼出席者全員で唱和）

わたしたちは、株式会社佐市での仕事を通じて、地域の皆様に物心とものの豊かさを提供します。

行動指針（日常の業務遂行指針）

① 商品サービス：わたしたちは常に新鮮な食品と情報を提供します。

② 固定客づくり：わたくしたちはお客様の立場にたって考え、真心をもってサービスします。

③ チームワーク：わたしたちは和と協調と思いやりの精神で仕事をします。

誓いの言葉（朝礼出席者全員で唱和）

わたしたちは、お客様に笑顔で、心をこめて『いらっしゃいませ』『ありがとうございました』のあいさつをすることを誓います

あいさつは歓迎の気持ちを伝え、元気なあいさつは気持ち良いものです。
あいさつが気持ち良いお店は、お客様も気持ち良くお買い物ができます。
お客様をファンにしましょう。

伝達・報告

・社長指示　・各部門より伝達、報告　・その他　など

今日も『笑顔』で『さわやか』にお客様をお迎えしましょう

「結果を出せるような人間になってください」の意味

私は朝礼の5分スピーチの中で、最後に必ず言う言葉が2つあります。

ひとつは、

「結果を出せるような人間になってください」

もうひとつは、

「必ず幸せになってください」

です。

「結果を出す」というのは、自分が与えられた仕事や役目について、必ず報告をすることです。たとえば、子どもが学校に行くときには、「行ってきます」と言って出かけていきます。そして、帰ってきたら、「ただいま」と言う。これで初めて帰宅したということになるわけです。「今日はどんなことがあったの?」とお父さんやお母さんに聞かれて、いろいろ話すのが当たり前で、それが結果の報告です。

仕事も同じで、「今日はこれをやろう」と決めたら、その結果を必ず報告してもらう。

成功でも失敗でも、報告しなければ結果を出したことにはなりません。

たとえば、ダンボール箱の積み方が雑で曲がっていたので、Ａさんに「並べ替えておいてね」と頼んだとします。それをよく並べ替えたか悪く並べ替えたかは別にして、頼まれたからには結果を報告しなくてはいけません。

「こういうことをやってきました」という報告が結果なのです。

何も「１００万円稼いでください」と言っているわけではありません。そういう基本的なことがキチッとできる人になってもらわないと困るということなのです。

お客様に少しでもいい商品を提供しよう、少しでも無駄をなくして安く売れるようにしよう、いままで5分かかっていたことを3分でできるように工夫しよう……小さくてもいいので、そういった結果を出していくことで、よりお客様に喜んでもらえるようになる。

そうすると、ますます商売が繁盛して、利益が伸びていく。**奉仕は必ずその人に返ってくる**のです。

キャバレーから学んだ朝礼

私が朝礼の仕方を学んだのは、ある公設小売市場の理事長をやっていたときに始めた朝礼からでした。地元の店が集まって出店している協同組合形式のスーパーで、私は3代目の理事長でした。

寄り合い所帯ですから、キチッとまとまれば大変な力が出ますが、バラバラになると簡単にダメになってしまいます。

そこで私は朝礼を始めることを提案しました。それまでは店ごとにやっていただけで、全体での朝礼はやったことがなかったからです。しかし私の提案に対して、みんな「それはいいことだ」とは言うものの、いざやるとなると「私はとても恥ずかしくてできない」と消極的になってしまいます。私も含めて家族経営の経営者ばかりですから、大勢の前で話すのに慣れていなかったのです。

そこで私は、仙台市内の大型キャバレー・チェーンの仙台店にみんなで行くことにしました。もちろん遊びのために行ったわけではありません。そのキャバレーの「朝礼がすごい」と、知人の経営者から聞いていたからです。

「午後6時に店が開くので、5時頃に行くといい。連絡を取っておいてあげるから」と、その知人に言われ、十数人のメンバーで行きました。

実際に朝礼を見せてもらうと、本当に厳しく、かつすばらしいものでした。

まず、昨日の反省点を一人ひとり名指しで厳しく指摘されます。たまたま月間の売上が出た日だったので、一人ひとりの数字を全員の前でキチッと発表しました。すると、店で働いている女の子たちがワンワン泣くのです。

あとでその店長にお話を聞くと、こう言っていました。

「厳しくするなら一貫してやらなければいけません。やったりやらなかったではダメなんです。結果的に利益を出さなければいけないんですから」

まさにそのとおりだと思います。

働いている以上、プロとして利益を出すことに貢献しなければいけない。それはキャバレーだろうがスーパーだろうが、他の業種だろうがまったく同じなのです。

実践しないと、言葉だけでは伝わらない——緊張した朝礼でのハプニング

キャバレーの朝礼を見た協同組合のメンバーは全員、「すばらしかった」と言い、朝礼を始めることに賛同しました。

順番に朝礼を担当し、話をすることになったのですが、私も含めて経験がなく、「朝礼で何をしゃべればいいか」頭を悩ませていました。朝礼の前日、バス停でバスを待っている間に明日しゃべることを頭の中で復唱していて、隣で待っていた人に「何をブツブツしゃべってるんですか？」と言われた人もいました。それほどみんな真剣に考えていたのです。

自分が言い出した手前、最初の1週間は私が担当することになりました。

とはいえ、私も朝礼で何を言えばいいか本当に困ってしまい、とりあえず朝礼が始まる1時間前の朝7時に公設小売市場に行き、思案にくれながら何気なくタバコの吸殻拾いを始めました。

周辺を歩きながら、黙々と落ちている吸殻を拾っていったのです。

空き缶かビニール袋でも持っていればよかったのですが、思いつきだったので用意があ

りません。仕方なく拾った吸殻をポケットに入れ、そのうちに両方のポケットはいっぱいになりました。

そのことを忘れて、ポケットが吸殻でいっぱいになったまま、私は朝礼の場に立ってしまいました。

「話は5分以内」と自分の中で決め、最初に「朝礼はお客様にどんな雰囲気をつくっていくかをみんなで一緒に集まって考えるいいチャンスです」と、朝礼の目的などについて話し始めました。

いざ話し始めると、意外と話が次々出てくるものです。

その場所は、駐車場が見える場所だったこともあって、**「みなさん、自分の店は一生懸命キレイにするけれども、お客様がいらっしゃる駐車場もみんなで協力して掃除をすれば、お客様を気持ちよくお迎えすることができますね」**と話しました。

そして、吸殻がいっぱい入っていることも忘れて何気なくポケットを触ると、ボロボロと吸殻が出てきてしまったのです。

「あれっ」と一瞬、自分でもどうして吸殻が出てくるのかわからなかったほどで、見ている人も「どうしたんだろう？」という感じでした。

私はハッと思い出し、**「忘れていたんですけど、実は朝礼前にちょっとタバコの吸殻を拾っていたんです」**と言うと、みなさん感動して、それから自主的に駐車場を掃除するようになり、駐車場がものすごくキレイになりました。

それまでは「誰かがやるだろう」という感じで、誰もやっていませんでした。たぶん言葉で「駐車場をキレイにしましょう」と言っても、誰も自分から動こうとはしなかったでしょう。言葉ではなかなか難しい。やはり実践しなければいけないのです。

誰かがやってくれるのを待つのではなく、自分が気がついたらすぐに自分でやる。たとえば、駐車場を歩いていて紙くずが落ちていたら、気がついた人が拾う。社長だからといって、誰かに「拾いなさい」と言うのではダメなのです。

●「笑顔を大事に」「自分の言葉で」「暗い言葉は吐かない」が原則

朝礼で「幸せになってください」と話すときに、私は「そのためには健康でがんばりましょう。そして笑顔でいきましょう」と必ず言うことにしています。自分の笑顔をつくれない人が、お客様に笑顔をつくれるわけがないからです。

若い従業員はときどき、寝不足なのか朝礼時に具合が悪そうな格好でダラッとした感じで立っていることがあります。そういうときにはその場で家に帰るよう促します。「帰ってください。そして体がよくなったら来てください」と。

健康でない人は笑顔になんかなれませんし、笑顔になれなければお客様を幸せにできるはずがありません。

笑顔がないとダメなのは、従業員だけではありません。経営者だって同じです。よく私が同業者から耳にするのは、「不景気で、銀行に行っても金を貸してくれない」という言葉です。「貸さない銀行が悪い」と言いたくなる気持ちもわかります。しかし銀行側から見れば、「自分たちは商売だからお金を貸したいが、貸せないような条件をつくっておいて〝貸せ〟と言われても困る」という気持ちになるのも理解できます。

笑顔のない人には、銀行だって心配でお金を貸そうという気にはならないでしょう。経営者に笑顔がなければ、従業員の気持ちも暗くなってしまいます。

また、自分の言葉で語れる人でなければ、その人を信用することはできません。これは銀行や取引先との関係だけではなく、従業員に対しても、他のあらゆる人間関係でも同様です。経営者が自分の言葉で語らなければ、従業員の心には伝わりません。

笑顔を大事にする、自分の言葉で語る。そして、暗い言葉は吐かない、が原則です。

この原則にピッタリなひとつの言葉があります。それは「ありがとう」。

「ありがとう」は日本で一番キレイな言葉です。私は朝礼の第一声で、「ありがとうございます！」と元気に高いトーンで必ず言うようにしています。

従業員を「正しく」育てる前提は、幸せになってもらうこと

単品で１００億円近くを売り上げていた有名な老舗の和菓子屋さんが、消費期限と製造日を書き違えたという問題を起こしました。

私はこの会社をとても尊敬し、すばらしいと思っていたのですが、こうした問題を起こすということは、やはり正しいことをしていなかったということです。会社の問題が明らかになるのは、ほとんどが内部告発です。従業員に正しくないことをさせ、従業員に嘘をつかせているなら、反発が芽生えるのは当然のことです。

私は従業員を正しくしていくこと、正しい仕事をする従業員に育てていくことが経営者の使命だと考えています。

「正しく」の大前提は、「幸せになってもらうこと」です。

幸せでなければ、不平不満だらけで正しい仕事はできません。幸せになるためにはどうするか、従業員には従業員なりに考えてもらいますし、私たち経営者はそのサポートのために勉強する。従業員に幸せになってもらえないようでは、会社は終わりだと思っています。

さいち式・スタッフのやる気をぐんぐん引き出す言葉と仕組み

●調理場からモニターでお客様の様子を見られる効果

従業員の接客面で言うと、調理場にいる惣菜部門のスタッフは、どうしても直接お客様と接する機会が少なくなりがちです。一日中黙々と調理場で働いて、お客様の顔をまった

■モニターで調理場から観察

く見ないのでは、「お客様の笑顔を想像しながらつくってください」と言っても、土台無理な話です。

そこでさいちでは、**おはぎとお惣菜のコーナーにビデオを備えつけて、売り場の様子を調理場でモニターを通じて見られるようにしています。**

「あっ、お客さんが手に取ってくれた」

「いま、最後のひとつが売れた」

と、売り場の動向がリアルタイムでわかるのと同時に、自分がつくったお惣菜がお客様に手に取られる瞬間を、調理場のスタッフが見ることができる。これは現場のスタッフにとってものすごい励みになっています。

自分がつくった惣菜がよく売れると、従業員は「私のつくったものがどんどんなくなっていく！」と大喜びです。

ただし、経営者や上司が従業員をほめるときは、**「よく売れたね」**ではなく、**「よくできた」「よくがんばった」**という言葉を使うほうがいいと思います。もちろん数字は大切ですが、数字以上に大切なのは、**その気持ちを明日も明後日も忘れずにいてもらう**こと。数字だけを見ていると、「売れてるからいいじゃない」と、気持ちが次第に慢心や緩みに変わっていきやすいのです。

「売れた」という結果ではなく、お客様に喜んで買っていただけた、笑顔になっていただけた、ということを最大の喜びにする。その姿勢は、**明日つくるお惣菜にも必ずいい影響**となって出てくるはずです。

「任せて伸ばす、ほめて伸ばす」――従業員が勝手に伸びていく方法

いまの若い人たちにやる気を起こさせるのは難しいと言われますが、不景気で就職難の時代の影響もあるのでしょうか。さいちで採用した新人の正社員は「真剣勝負でがんばら

なくては」という気持ちを持っています。

前述したように、さいちでは私が叱り役、専務がほめ役の二人三脚ですが、私が叱る機会はそう多くはありません。

売り場と事務、仕入などは私が主に従業員を見ていますが、**私のやり方は仕事を現場にどんどん任せていく**ことです。

機会あるごとに個々に従業員をほめますが、**なんといっても一番効くのは、「頼んだぞ」のひと言**。このひと言だけで、従業員は責任感を持って取り組んでくれるようになります。現場に出ている経営者が直接「頼んだぞ」と言ってポンと肩を叩く。すると、従業員は意気に感じ、「よし、やるぞ」という気持ちに自然になってくれるのです。

一方、調理場を仕切っている専務は、私の目から見てもほめ上手です。

上手にほめていると、若いスタッフは積極的になり、自分でお惣菜のアイデアを考えて持ってきたり、専務がつくっているのを見て、「私、早くつくれるようになったら、いま専務がつくっているもの、つくらせてくださいね」と言ってきます。

専務はそんなとき、**「いいよ、予約しておくね。忘れないように書いておくから」**と言って、その子を喜ばせます。

専務はひとつのお惣菜について、必ずひとりに徹底的に教えます。その人がしっかり身につけたら、手を離してそのお惣菜づくりを任せます。その代わり、でき上がったものは必ず味見をし、チェックします。

こうして**専務にお墨つきをもらったメニューは、そのスタッフのお惣菜になる**のです。

ですから、若手だけでなくベテランスタッフも、自分から専務に「そのお惣菜、私にやらせてください」と申し出て、積極的に取り組んでいます。

担当するメニューが増えればその分仕事が増えるので、嫌がるのが当然と思われるかもしれません。

でも、さいちの場合、専務が心配して、「でも、時間までに帰れる？」と聞いても、「大丈夫です」と言って取り組みます。

担当メニューが増えると、結果的にそのスタッフの手はどんどん早くなり、**自分の力で勝手に伸びていってくれる**のです。

●ちょっとした言葉の違いで、人の成長は大きく変わる

調理場のスタッフからお惣菜のアイデアが出てくることもあります。

専務は必ず「やってみて」と言って、一度も止めたことはありません。

そうしてでき上がってきたものを味見してみて、**「もう少し塩っ気のあるものを足してみたらどう？」**とか、**「他の野菜を使ってみてもいいかもしれない」「上に三つ葉を載せてみたら」**といったアドバイスを送ります。

そして前述のように、店頭でお惣菜をお客様にほめてもらうと、つくった従業員を呼び、「この子がつくったのよ」と直接お客様に紹介します。

そのお客様の言葉に従業員は心から感動し、「よし、またおいしいものをつくるぞ！」という気持ちを強くするのです。

従業員にとって、上司にほめられることもうれしいでしょうが、**お客様にほめられると、さらに感動を覚える**ようです。

ほめられ、その従業員が喜びを感じながら仕事を覚えていくと、その仕事は本当にその人のものになっていきます。そうして従業員は育っていくのです。

専務の「ほめ上手」は、姑である私の母に原点があるようです。

若い頃、失敗はたくさんありましたが、「何をしたときでも、お義母さんはまず先にほめてくれた」と専務は言います。

たとえば、たけのこを切ったときでも、「とっても上手に切るね」とほめたうえで、「ばあちゃんはもうちょっと大きく切ったやつを、手で裂いて食べるのが好きなんだ」と言う。普通のお姑さんなら、まず「澄子、たけのこはもっと大きく切りなさい」と注意するでしょうが、そうではありませんでした。

こういう**ちょっとした言葉の違いで、人の成長は大きく変わる**のです。

私はときに厳しく叱りますが、その分、専務がほめてやる。

ひとりの経営者がその両面を使い分けるのは難しいのですが、うちでは自然に専務との二人三脚になってバランスを取っているようです。

なぜ、「1対1で注意しない」のか？

経営者や上司の立場にある人の中には、「叱り方が難しい」「どうやって叱ればいいいかわからない」と悩んでいる人も多いようです。

うちのような小さな店では、従業員はみんな家族同然なので、叱るときは自分の子どもに対するのと同じだけの愛情を持って叱りますが、それでもトラブルになることがあります。

私は無用のトラブルを避けるために、これまでの経験から、社員を叱ったり注意したりするときは**「1対1ではやらない」**を原則にしています。

実際に過去に苦い経験があるのですが、1対1でやってしまうと、私が励ましの言葉として言っていても、相手はそう取ってくれないことがあるのです。

経営者や上司に「××さん、ちょっと」と呼ばれた時点で、「社長に何か注意されるんじゃないか?」とつい思ってしまうのが人間です。

また、注意されたことを悪意に取ってしまい、「このことは絶対に口外しません」と約束していたにもかかわらず、別のところで経営者や上司の悪口を言って歩くこともあります。実際に私と専務も同じ目に遭い、陰口が私たちの耳に入るまでに1年以上かかったこともありました。

ですから、従業員を注意するときは、**みんなの前か、部門の責任者など第三者のいる場**

で注意するのが原則です。

そうすれば、こちらの言っていることを相手が誤解しているときには、その第三者が「社長が言っていたのはこういうことじゃない？」とフォローしてくれるからです。

従業員が自分本位で仕事をしているときには、「まず反省しましょう」と言います。人によっては、「相手に言い返すのは、反省してからでも遅くない」とも言います。

たとえば、お客様に店の前で怒鳴られたときでも、オウム返しに言葉を返し、ケンカしてしまったら終わりです。

「相手が悪い」ではなく、**「自分にどこか落ち度はなかったか」と省みる**。その姿勢を従業員全員で共有してほしい。1対1で叱らないのは、こうした思いも含めてのことなので す。

●「みんな平等にすればいい」は、大間違い！

うちは小さな店ですから、待遇といっても特別なことができるわけではありませんが、なんとか世間並みの給料体系はつくっているつもりです。

やはり家庭を大切にするために働いているわけですから、生活の心配なく気持ちよく働いてもらえる環境を常に整えていかなければいけません。

給料だけではありません。「家庭の都合があるときには、率直に言ってくれれば大丈夫だから、きちっと休んでください。そんなに心配しなくてもいいですよ」とも言っています。従業員は家族ですから、従業員の家族もやはりファミリー。ファミリーは何より大切なものです。

しかし、だからといって、**「みんな平等にすればいい」というのは間違い**です。

従業員として仕事をしにきている以上、人事評価をするのは当然のことで、場合によっては成果主義的なことも加える必要があります。

行きすぎた成果主義への反動なのか、成果主義という言葉に抵抗を感じる人もいるようですが、やはり成果によって差がつかないと、人間はダメになってしまいます。

お客様に来ていただき、自分がつくったものを喜んで買っていただくことで、自分たちも給料がもらえる。そのことを実感してもらわなければいけません。

惣菜部門が大きく伸びたのも、やはり成果主義的なものの考え方で、**レシピをなくしたから**だと思います。どのメニューのつくり方を伝授してもらえるか。それも従業員の成果のひとつなのです。

さいちでは、調理場にいてもモニターを通じて自分のつくった惣菜がどれだけ売れたかがはっきりわかります。

なかには、売れ残りが心配で、一度帰った従業員がまた見に戻ってくることもめずらしくありません。それだけ当事者意識が高くなっているということです。

特に、「成果主義」という言葉を使わなくても、その人が能力を発揮できるように教育していくこと、その環境をつくっていくことが大切です。

うちに来た以上、絶対幸せになってもらわないと困る

従業員に当事者意識を根づかせることの必要性は、ものづくりをしていると特に強く感じます。

自分で材料を集めて、いろいろな創意工夫をして、おいしくつくる。なおかつそれを無駄なくやる。これができて初めてお客様に買っていただくことができ、その人が受け取る賃金が生まれてくる。そのことを従業員に理解してもらわなければいけません。それがわ

からなければ、その人は幸せにはなれないと思います。

「こんなもんでいいよ」と思って仕事をして給料をもらっている人が、家に帰って子どもに自分の仕事のことを胸を張って話せるでしょうか。

仕事なんて適当でいいと子どもに教えるようでは、その家は破滅です。うちのスーパーでその人をお預かりした以上、その人には絶対に幸せになってもらわないと困るのです。

成果主義の賃金体系を否定する方もいますが、私は賛成しかねるひとりかもしれません。

●前年同月比と予算比との「伸び率」で表彰する〝本当の〟成果主義

私が話をする月2回の朝礼のうち、1回は前月の売上と粗利益の発表です。

売上、粗利益を全従業員にオープンにするのが、さいちのモットーなのです。

そして、その結果に基づいて部門ごとに評価し、**「金・銀・銅」の賞**で表彰します。

前年同月比および予算比で売上が20％以上伸びたら「金」、10％以上なら「銀」、伸び率がひと桁台なら「銅」。

ポイントは他部門との競争ではなく、**〝前年同月比および予算比の自分〟との競争**である点です。

小さな店の中で、部門同士が〝勝った、負けた〟の競い合いをしていては、店全体の一体感やチームワークが生まれませんし、何より雰囲気が悪くなってしまいます。

雰囲気の悪さは店に来てくださっているお客様に自然に伝わり、やがて客足が遠のいて売上が落ちる……そんな悪循環に陥りかねません。

切磋琢磨しながら、誰かが伸びたときにはみんなで「がんばったね」と言って祝福し合える。それが私の考える〝本当の〟成果主義です。

スーパーを開店してからしばらくは本当に火の車で、運転資金もないような状態でした。従業員数はいまよりずっと少なかったのですが、従業員みんなが一丸となって苦労を乗り切ってくれたことにいまでも感謝しています。私はそのときに従業員が一丸となることの大切さを学ばせてもらったのです。

なぜ、ライバルにもタダで企業秘密を教えるのか？

●むしろ勉強させていただいているのは、私たちのほう

これまで「さいち」には、スーパーやデパート、食品関係会社など、全国各地から600社以上のそうそうたる企業の方々が研修や視察に来られました。

大勢の従業員の方が1週間ほど泊まり込みでいらっしゃることもめずらしくありません。

研修の申込みが殺到し始めたのは20年ほど前からで、ちょうどスーパーが「生鮮3品」「そしてお惣菜も」と言われてきた時期でした。

なんとかお惣菜で売上を伸ばしたい、利益を上げたい、とみなさん必死で、その状況は現在も続いています。

通常のスーパーでは、惣菜売上は全体の10％がせいぜいですから、「惣菜部門で50％を売り上げる秘密を知りたい」と、こんな東北の田舎町にまでわざわざいらっしゃるのです。

研修でさいちに来るためには、店を休ませるうえ、何人もの従業員に交通費を支給するわけですから、それだけでも相当な負担になります。それだけ大変な思いで来られるわけですから、こちらも真剣になって向かっていかなければなりません。

もちろん、**研修は無料**でお受けしています。

研修を受け入れることは、実はうちの店の従業員教育にもなっていますし、お教えすることでこちらの勉強にもなります。

何よりすばらしい会社の人たちに研修に来ていただくことが、私たちの最大の励みになっているのです。

見学や研修に来る方たちについて、私はうちの従業員にときどきこんな話をします。

「みなさん必死になって、遠いところからお金を使ってこんな山しかないところにやって来るんです。**むしろ勉強させていただいているのは、私たちのほうです。**来ていただくことで私たちはいろいろな励みをもらっているのだから、がんばっていかないと困りますよ」

研修にいらした会社の方は、それぞれ赤裸々なお話をしてくださいます。

現在置かれた経営環境や苦しい状況、何を変えようとしているかなど、普段は決して口にしないような思いも、すべて私たちにぶつけてくれます。

私のほうは、ただ座っているだけで全国から生の声が直接耳に入るのです。

こんなことは、普通に店を経営しているだけでは絶対にあり得ません。いくらお金を持っていっても手に入らないような情報を、私はただお茶をごちそうするだけでいただけるのですから、これほどありがたいことはないと思っています。

●上手な売り方や広告は、まったく必要なし

研修にいらっしゃる目的の多くは、「お惣菜をどうやったら、リピートして買っていただけるようになるか」です。

そのためには、どの家庭よりもおいしいものをつくるしかないので、研修に来た方にはお惣菜のつくり方を一から勉強してもらいます。

お惣菜のつくり方は言ってみれば、さいちの最大の企業秘密ですが、希望があればどんなメニューでもお教えしています。

さいちのお惣菜にはレシピがないので、専務は従業員に〝一子相伝〟で教えるのとまっ

たく同じように、研修に来た方にお伝えしているのです。

おはぎのあんのつくり方をお教えした老舗の和菓子屋さんや菓子メーカーさんもいくつもあります。ただ、原材料の仕入も手間のかけ方も違うので、うちと同じものをつくれているところはまだありません。

繁忙期に研修を受け入れるのは正直負担も大きいのですが、せっかく遠くからいらっしゃるのですから、何か一点でも身につけて帰っていただきたいと思っています。

「そんな大事なことを無料で教えてしまって大丈夫なの？」と思われるかもしれませんが、お金をいただくようなことはありません。

かつて私自身、ダイユーさんにどれほどお世話になったかを思えば、他の方に奉仕するのは当たり前。自分だけが得をすることなど考えられないのです。悩みを抱えている方たちの解決に少しでもお役に立てるなら、これ以上の喜びはありません。

そもそも人に教えるためには、こちらがしっかり勉強しておかなければいけません。それが私たちの力を伸ばしてくれているのです。私たちの勉強になり、励みをいただいている。お惣菜づくりを教えて、マイナスになるようなことは何ひとつありません。

さいちで教えているのは、「いかにおいしくつくるか」だけです。

どうすればお惣菜が売れるのかと聞かれれば、「おいしくつくっているから」としか答えようがないからです。

上手な売り方とか広告の仕方といったものは何も考えていませんし、必要ないと思っています。宣伝や販売方法の工夫で**一時的に売れることは、私たちの目標ではありません。**おいしくつくっていれば、長くお客様に買っていただける。そう確信しているのです。

お客様を具体的にイメージして、「惣菜をつくる姿勢」をつくる

おいしくつくるためのコツは、大きく言えば、**「惣菜をつくる姿勢」をつくる**ことです。「惣菜をつくる姿勢」がしっかりできていれば、結果としておいしいものがつくれるからです。

実際の研修では、朝2時か3時頃に調理場に入り、専務と一緒にお惣菜をつくってもらいます。なかには「せっかく来たんだから、全部覚えていきたい」と言う方もいますが、私たちのほうでは、**「何か自分の味を、一点でもいいから見つけて帰ってください」**と言っています。全部覚えることなど絶対に無理ですし、一品でもキチッとつくれるようにな

れば、あとはアレンジしながら自分なりのものをつくっていけるからです。

専務のレパートリーは数多くあるので、もちろんすべてを伝えることは不可能です。しかし、自分が「これは」と思うメニューをひとつでもいいから身につけておけば、あとは地域の料理や食材、お客様の嗜好に合わせて独自にお惣菜を生み出していけるはずです。

ひとたび調理場に入れば、専務は相手がどんなに偉い人でも生徒として厳しく指導します。社長だからといって、〝監督者〟のように部下が働いているのをただ見ているのではダメ。うちでは**必ず一緒につくってもらいます。トップ自らがお客様のためになんとかおいしくつくろうという姿勢が大切**なのです。

なかには、包丁を握ったこともない社長さんに、包丁の持ち方から教えることもありました。野菜の皮むきから始めてもらいましたが、その熱意ゆえでしょう、とても成功されたようです。

以来、その会社の部下の方たちが「社長に行ってこい、と言われてきました」と、しょっちゅう勉強に来られます。

研修で最初にお話しするのは、化学調味料や保存料などの添加物を使わない点です。「使わないでおいしいものができますか？」とよく質問されますが、添加物を使うと、食べたときの味はいいけど何か後味がスッキリしないとか、「もうたくさん」という感じになってしまいます。

長く売れ続けるためには、飽きのこない味、そして何より安全であることが大前提です。具体的には、塩や砂糖などの調味料をどのくらい使うのかをまず見せて、それをどうやって入れていくかを専務が実際にやって見せます。

一度に入れずに、**様子を見ながら他の調味料を混ぜながら入れていく**のが特徴で、**ここで手を抜かずにキッチリやると、やはりおいしい味が出る**のです。

専務は、「**いつも買いにきてくれるお客様のことをイメージして、〝あの方にこういったものを食べさせたら喜ぶんじゃないかしら〟と頭に描いてください**」と、お話しします。

おいしいもの、お客様に喜んでいただける商品をつくるには、「**心**」**が第一**だとお伝えするのです。

●たとえ業務中でも、でき上がるまで懇切「電話」指導

味つけの手順などはその場でメモを取ってもらいますが、帰ってからそのとおりにできないことも多いようなので、専務はいつも、

「わからないときは、いつでも電話ちょうだいね」

と、研修に来た人に言っています。

やってみたけれどもうまくいかない、満足いかない。そんなときは相談に乗るので、遠慮なく電話してきてほしいというわけです。

実際に電話をしてくる方も多いのですが、どうやってつくったのかを尋ねてみると、やはり調味料を入れる順序が違っていたり、火加減が違っていたりします。

専務が一つひとつこと細かに教え、しばらくして「やっとできたみたいです」と再び電話が入ることもあります。

あんのつくり方も電話で教えたことがあります。もちろん専務は仕事をしながらですが、電話をつないだままにして、途中「どこまでできましたか？」と聞きながら、「煮立ったら、次にこうして……」というように、でき上がるまで手順を教え続けました。

一生懸命取り組もう、なんとか身につけようとがんばっている方には、やはりこちらも真剣にお応えしたいし、ぜひうまくいってもらいたいと思うのです。

憤慨して発した、コンビニ担当者へのひと言

逆に、残念な思いをすることもたまにはあります。

お客様に高齢者の方が増えてきたので、高齢者を対象にした店づくりや品揃えをしていかなければいけないと考え、さいちに勉強にいらしたコンビニエンスストアがありました。高齢者を意識したお弁当やいろいろなお惣菜を売りたい。何がいいかと検討してきた結果、「煮物だ」という結論になり、その店の方が何度も通って煮物を中心にお惣菜の勉強をしていかれたのです。そのときも「うちの店では添加物は一切使っていません」とお話しし、そのやり方でお惣菜づくりをお教えしました。

ところが、実際にその店でつくってこられた煮物を食べてみると、どうも添加物が入っているような味なのです。食べればすぐにわかりますから、担当の方に確認すると、「実は使っています」とのことでした。

コンビニチェーンは店舗数が多いので、工場から販売店をぐるっと回って車で配達し終えるのに6時間くらいかかる。その間に品質が落ちるので、添加物を入れないわけにはいかない。だから「入れないほうがおかしいでしょう?」と、その担当者は答えました。

私は少し憤慨してこう言いました。

「あなたのお店で添加物を入れて売るのなら、それでも結構です。でも、『さいちに行って話を聞いた』というようなことは絶対に言わないでください！」

添加物を入れてつくったのなら、うちのお惣菜のつくり方ではありませんせん。

ですから、そのコンビニの方にはその後の研修はお断りしました。

結局、その店はその後、煮物は出さなくなってしまったようです。

●全国から続々届く、感謝の手紙

いろいろな業者の方が勉強にいらっしゃいますが、実際に接してみて感じるのは、大手コンビニチェーンや大手スーパーでも、会社によって考え方がまったく違うということです。

自分で考えて一生懸命いいものをつくろうという姿勢でいらっしゃる会社もあれば、「何かいいものがあったらうちでも売ろう」と、売ることとしか考えていない会社もあります。

自分で考えてつくろうという姿勢のない会社ほど、相手を潰しにかかる姿勢が強いような気がします。

私はいつも、「自分のところだけ生き残ればいいという考え方はダメです」ともお話ししています。

実際にうちの店も、天候不良で野菜が不足したときに、ある大手スーパーに資金力にものを言わせて全部買い占められてしまい、大変苦労したことがあります。

相手を潰して自分だけ勝ち残ろうとする競争の結果、ローカルスーパーはどんどん姿を消しています。

大手同士もケンカしている状態ですから、ますます経営が難しい業界になってきているわけです。これでは結局、お互いに首を締め合っているに等しい状況です。

さいちに熱心に勉強しにくる会社の方たちは、相手を潰そうとか自分だけ生き残ろうという方たちではなく、**とにかく「自分を磨く」ことに一生懸命な方たち**です。

もちろん、うちの理念をよく理解してくださっている大手スーパーの方もたくさんいます。

そうした熱意にはなんとしてもお応えしたいと思いますし、そうした会社とはその後も長くよい関係が続いています。

研修にいらした方たちからは、経営者の方、部門長の方、そして現場の若いスタッフの方からも、毎日のようにたくさんの感謝のお手紙をいただきます。

その言葉の一つひとつが、私たちにとって何よりの励みになっていますし、だからこそみなさんの成功、幸せを心から願わずにはいられないのです。

第4章

売上・客数がぐんぐんアップする
門外不出の「アナログ閻魔帳」の秘密

小さな変化も見逃さない仕組み化！「アナログ閻魔帳」の威力

●天気、気温、客数、売上、主要数字だけ見て、あとは捨てる

私が1979年にスーパーを開店してから、毎日欠かさずにつけている**「対照表」**と呼**んでいるノート**があります。

書いてあるのは、日付と曜日、天気、最高気温と最低気温、客数、その月の客数の累計、売上、その月の売上の累計、そして特記事項です。項目としてはこれだけですが、このボロボロのノートが店にとって大きな財産になっています。

さいちの経営のカギを握る、いわば**「アナログ閻魔帳」**のようなものです（↓左ページ）。

つくり方は簡単で、ルーズリーフの用紙をタテに2つ折りにし、タテにちょうど1か月分を書き込めるようにします。1日から月末までの日付を入れ、各項目の数字を書き込んでいくだけです。

■店の屋台骨を支える「アナログ閻魔帳」の外観

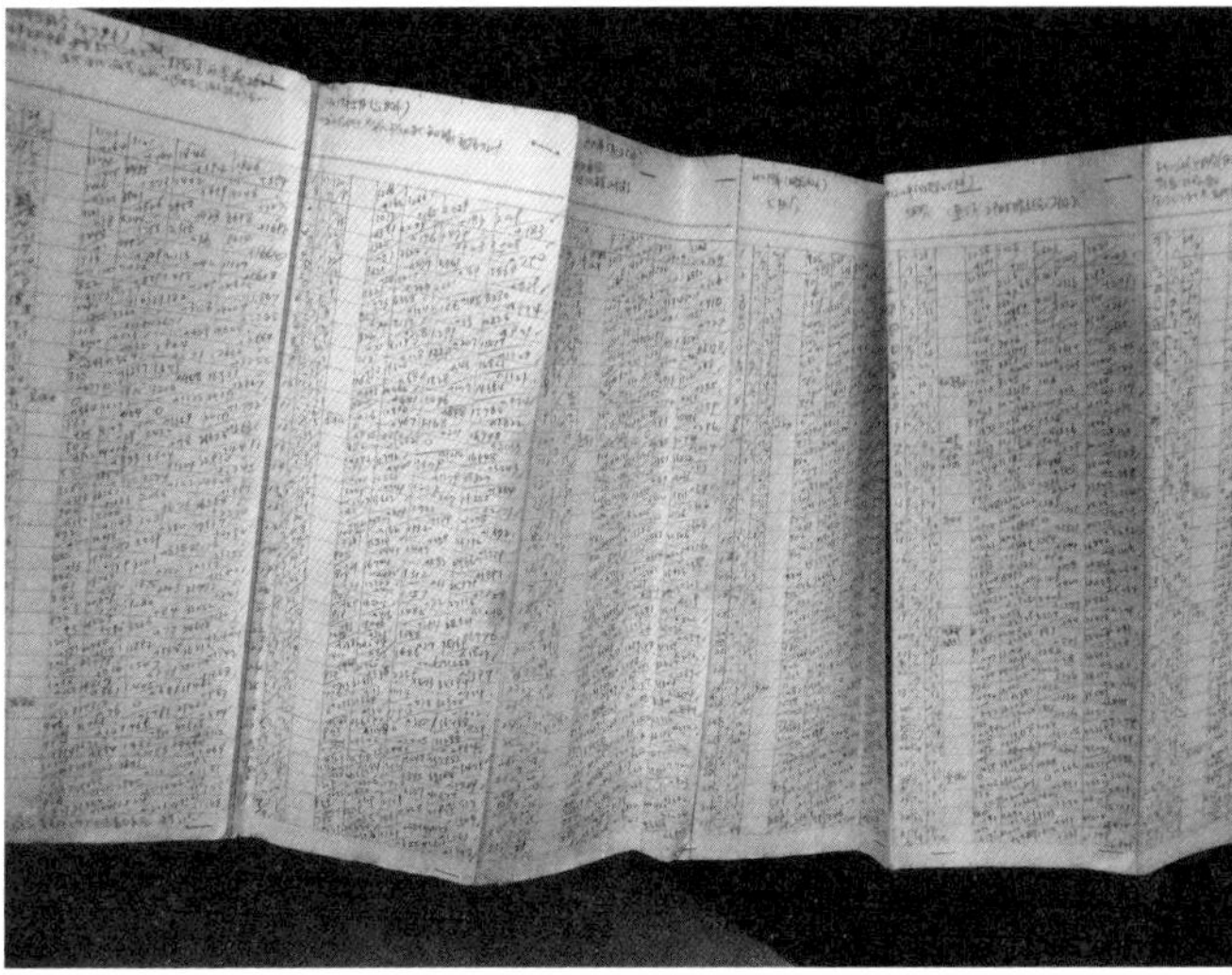

■前年同月との比較が簡単

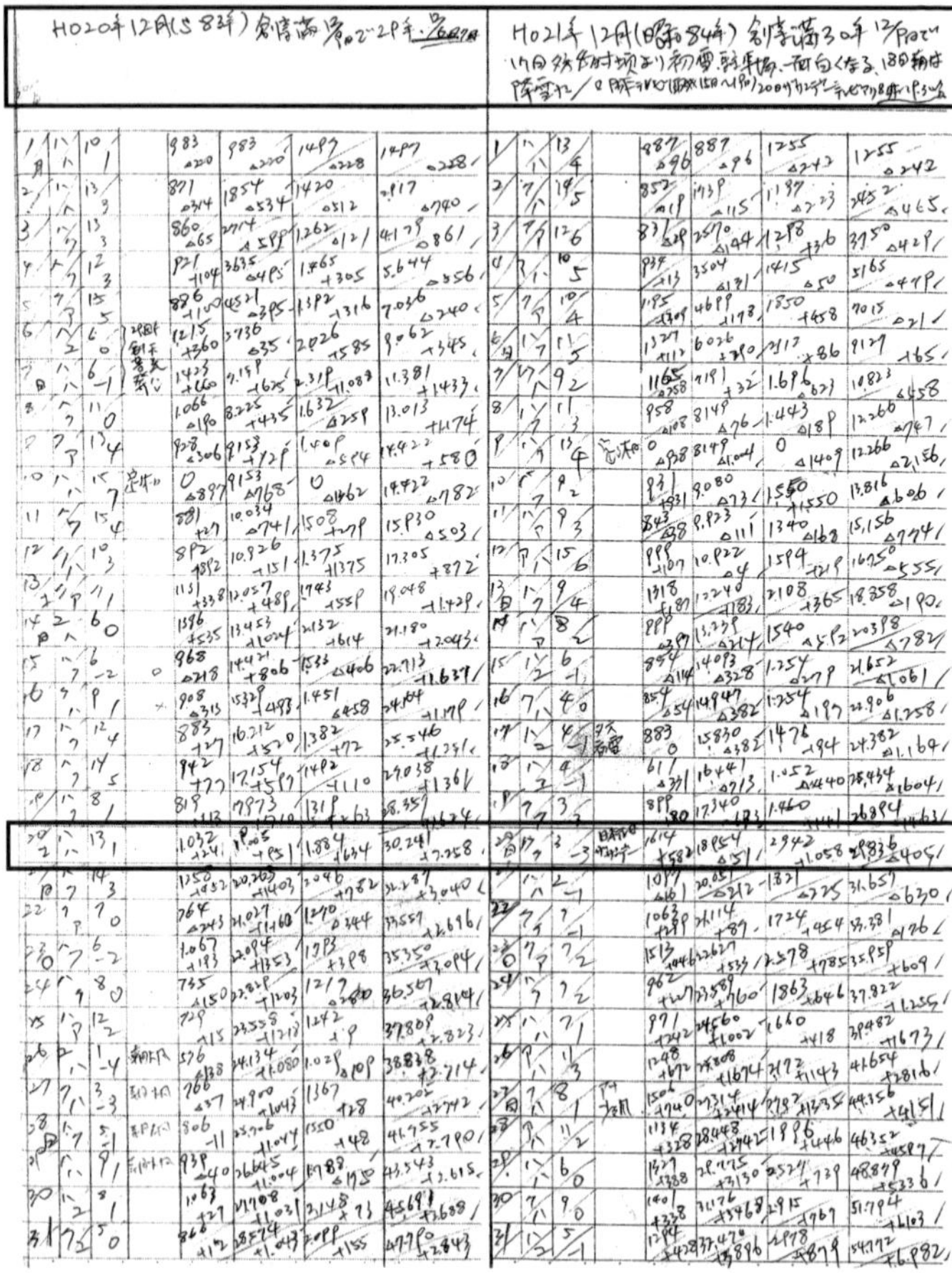

H020年12月(S83年)創業満12/10で2P年

H021年12月(昭和84年)創業満30年12/10で
17日夕方6時頃より初雪.駐車場、面白くなる、18日朝は降雪れ

■テレビ出演の影響による前年同日の客数・売上比較

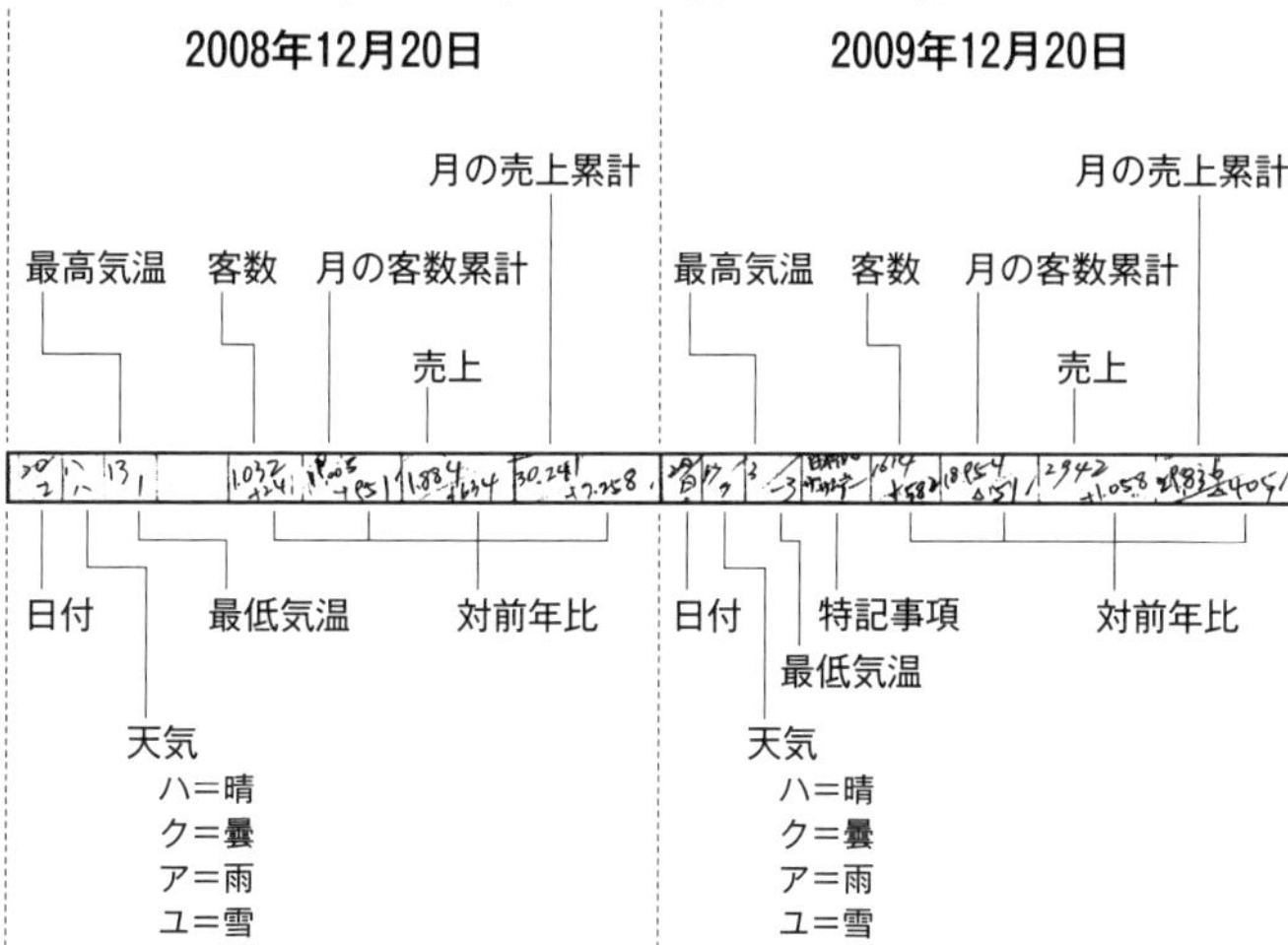

新しい月が始まるときは、前年の同じ日と隣同士になるように、紙をホチキスで止めます。それを開ければ、前年の同じ月との比較が一目瞭然になるわけです。客数、売上にはスラッシュを入れて、前年比の増減を書き込むようにしてあります。

この「対照表」をさかのぼって見れば、何年何月何日に、何人のお客様が来て、売上がどれだけ上がったかが一目でわかります。

さらに前年同日に比べて客数や売上にどれだけ増減があったのか、月の売上累計にどれだけ増減があったかも一目でわかるわけです。

曜日で比較して、同じ月の月末の日曜日

にはいつもこのくらいの客数、売上があるということもわかります。

たとえば、２００９年12月20日（日曜）のケース（↓前ページ）。この日は徳光和夫さん司会の『ＴｈｅサンデーＮＥＸＴ』（日本テレビ系）でさいちが大きく取り上げられた日です。特記事項の欄には、「日本テレビ　ザ・サンデー」とだけ小さく書いてあります。番組は朝の放送だったので、午後からお客様が殺到しました。

この日の店頭来客数は１６１４人で、**前年比プラス５８２人**。売上は２９４万２０００円（税抜）で、**前年比１０５万８０００円のプラス**。テレビの影響で客数と売上がグンと上がったことがわかります。

この日の天気は曇りで、気温は最高が３℃、最低がマイナス３℃と、寒い日にもかかわらず、大勢のお客様に来ていただいたわけです。

商売はその日一日が終わったときにきちんと振り返ることが重要で、私は店を閉めたあとに必ずこれをつけるようにしています。そして**毎日コツコツと記録を続けていくと、明日のこともだいたいはこの「対照表」だけで予想がつく**ようになるのです。

利益など、あとで計算しなければわからないような数字は一切書いてありません。

後日書き込む必要があったり、複雑になったりすると、使うのが面倒になり、「対照表」のよさがなくなってしまうからです。

エクセルでは見えてこない世界、アナログ手帳だけが語る世界

手書きのまったくアナログな「対照表」ですが、紙をアコーディオン式に貼っていくので、パラパラと簡単に開くことができます（↓次ページ）。

昨年との比較、5年前との比較、10年前、20年前との比較が一目瞭然。

開店以来、30年以上つけ続けているので、さいちの歴史がここに凝縮されているといっても過言ではありません。

つけ始めた当時はパソコンがなかったので、こうして手書きにしていたのですが、結果的には手書きでよかったと思っています。

まず、パソコンの前に座ってエクセルを立ち上げるような手間がいりません。パソコンに向かうこと自体が、忙しくて机に座っている暇のない私にとってとても面倒なのです。

また、アナログの「対照表」は、紙をペラペラとめくるだけで、10年前の数字が一発で出てきます。これはエクセルの画面ではできない芸当です。

■アコーディオン式にパラパラと比較できる

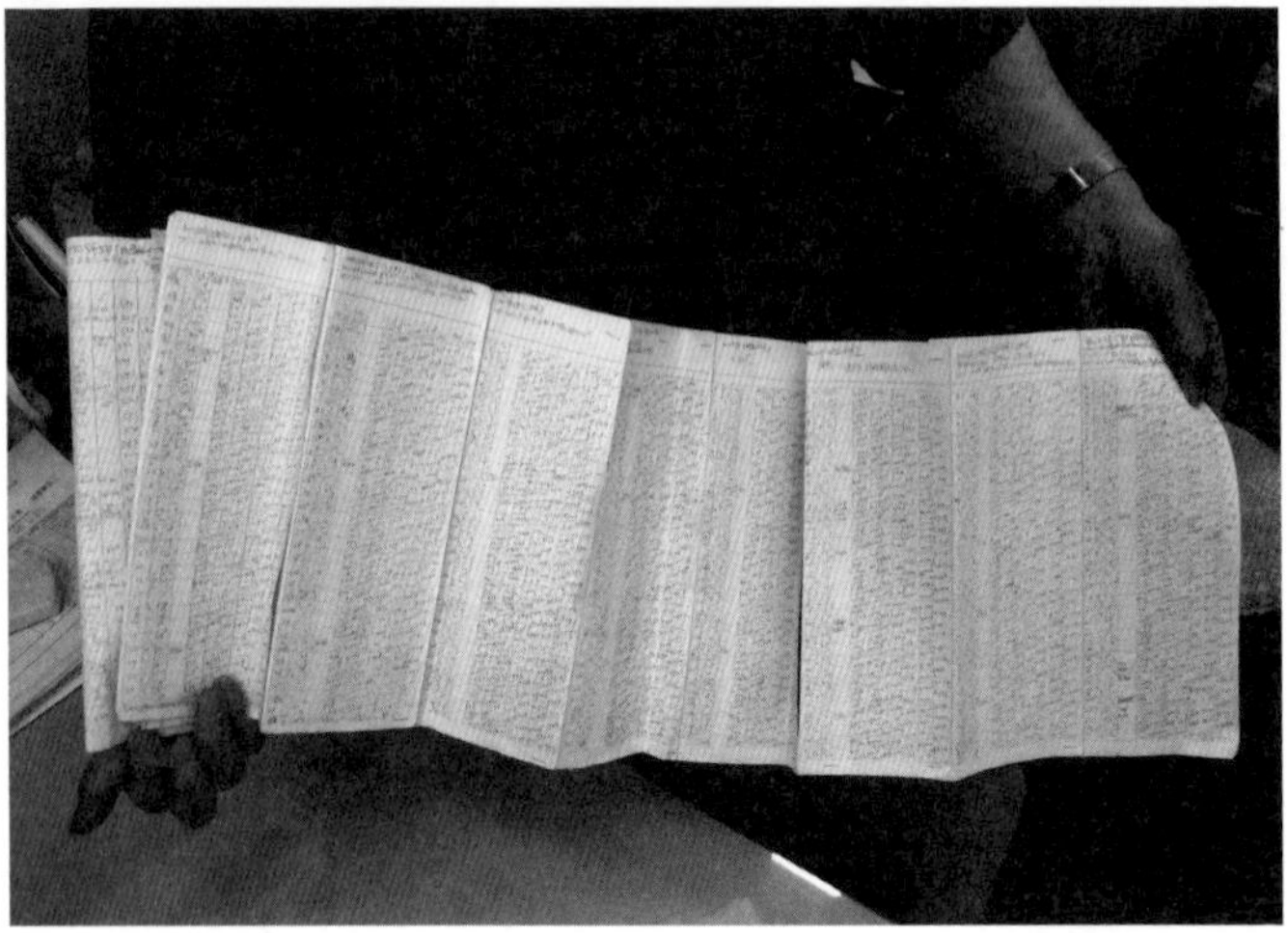

さらに手書きのよいところは、**過去に自分で書いた数字や特記事項の文字を見ると、そのときのことがパッと思い浮かぶ**ことです。

たとえば、特記事項に「午後大雪」とあるのを見ただけで、「そう言えば、この日は午後から大雪で思ったほど客足が伸びなかった」というように、その日の情景と店内の様子まで浮かんできます。手書きのアナログな表だからこそ、過去の記憶を呼び覚ましてくれるのでしょう。

それは過去のデータを、より有機的に活かすことにつながります。

「対照表」で客数・売上を読み、ロス率を限りなくゼロに

アナログの「対照表」の利点は、過去のデータからその日の客数や売上を予測できること。それはロスを極力少なくし、結果的に利益率をアップすることにつながります。

客数や売上は、何月の月末の日曜日はこのくらいというように、日付や曜日などに加えて、天気や温度も大きく影響します。

寒かったり、雨が降ったりすると、どのくらい集客に影響するのかが「対照表」からわかるので、特記事項の「夕方から雪」「強風」といったことも参考にしながら、前の日に天気予報を見ておおよその予測が立てられるわけです。

この「対照表」を参考にどれだけ材料を仕入れるかも決めますし、おはぎやお惣菜をどれだけつくるかも決めています。

お惣菜のメニューを決めるのも、専務はこの「対照表」を参考にしています。

時期と天候によって売上の予想を立てることができ、曜日も考慮して比較していくと、予測が大きく外れることはありません。

「対照表」を活用すれば、客数や売上の予測がついて、材料の仕入れすぎや、お惣菜のつ

くりすぎによる売れ残りのリスクを防げます。逆に、品不足によって売るチャンスを失うこともなくなるのです。

「過去―現在―未来」の継続的な思考が身につく

当時はパソコンがなかったので、ノートにつけ始めたのですが、実感としてはパソコンよりもずっと楽です。現在は、過去20年分をつなげた状態で取ってありますが、一瞬で開けるのでとても便利です。

これには貸借対照表とは違い、利益などは書き込んでいません。利益はあとにならないと出ないので、とりあえず客数と売上など、必要な情報だけを押さえています。

それでも問屋さんに行ってどのくらい仕入れるかの商談をするときにも、この「対照表」を参考にして話をすれば一発で相手は納得してくれます。

また銀行の方への説明も、この「対照表」があれば、現在どれだけの売上があるのか、どれだけ売上が伸びているのかが一目瞭然で、店の状況をいちいち説明しなくてもわかってもらえます。実際に「対照表」を参考にして会話することで、**銀行からの信頼がさらに**

増したのは確かだと思います。

そして、私がこの「対照表」の最大のメリットだと感じているのは、**商売に対して継続的なものの考え方ができるようになる**点です。

3年前、10年前、20年前に自分がどんな商売をしていたのか。店はどんな状態だったのか。本当にこの同じ時期によかったのか悪かったのか。記憶は意外に曖昧なものですが、「対照表」を開けば、正確に過去の数字を知ることができ、反省材料にもなります。

たとえば、大型スーパーができたときや、近くにコンビニが開店してから集客や売上がどうなったのか、その影響も**一目でわかる**のです。

過去からの継続は、現在をきちんと把握し、未来を予測することに役立つのです。

原価率6割でも、ロスゼロで高い利益率を生む秘密

●粗利率は40%にあえて抑える

さいちのおはぎもお惣菜も、「安い」「安すぎる」と言って驚かれ、お客様に「この値段で売って大丈夫なの？」と心配されることさえあります。

さいちのお惣菜の原価率は約60%です。お惣菜の売値は専務に任せていますが、私はいつも「あまり利益を取るな」と言っています。**粗利率は40%**に抑え、その分安くお客様に提供しているのです。

他のスーパーでは原価率を45%程度に抑え、粗利を55%くらい取るのが普通ですから、さいちの粗利率は低すぎるくらいでしょう。でも、結論から言うと、それでも十分利益が上がっていますし、他の店よりも利益率はずっと高いのです。

小さな150円のお惣菜パックでも、うちでは原価率60%で、粗利は40%だけです。他

の店ではおそらく２００円くらいの値段をつけないとやっていけないでしょう。

こんなに原価率が高くても利益が得られるのは、**〝ロスゼロ〟**を実現しているからです。材料を無駄にしない。すべて売り切って、売れ残りの廃棄をゼロにする。

私は専務には、**「ロスゼロの計算でやっているからね」とはっきり言い、おいしい商品をつくって１００％売り切る気持ち**でやってもらっています。

このとき役に立つのが、先の「対照表」です。これを参考に、客数や売上を予測し、その日の天気や気温も考慮してつくる量やメニューを決めます。すると、予測が大きく外れることはほとんどありません。

毎日「午後5時45分～手づくり惣菜全品半額セール」がくれたもの

「ロスゼロ」を実現するために、20年前から思い切って導入したのが、午後5時45分からの手づくり惣菜の「半額セール」です。

目的はあくまでも１００％売り切ること。お惣菜とおはぎは明日に残せないものですから、売れ残れば廃棄するしかありません。半額にする理由は簡単で、絶対にお惣菜を廃棄したくないからです。

これを目当てにいらっしゃるお客様も多く、実際に午後6時頃にはお惣菜の棚は空っぽになってしまいます（↓左ページ）。

半額にしても材料の分の原価は十分に取れますから、赤字にはなりません。

逆にもし半額にせずに売れ残ってしまったら、その分の材料費はまるまる赤字になってしまいます。

他の店では、売れ残りの様子を見ながら夕方に一品一品値下げのシールを貼っていき、値引き率もまちまちなのが普通ですが、さいちでは**「手づくり惣菜全品半額」**なのでその手間はかかりません。時間は毎日必ず午後5時45分。**お客様との信頼関係で、その時間に必ずいらっしゃる方もいる**からです。

午後5時45分というのは、夕食用のお惣菜の売れ行きがひと区切りつく時間です。

これまでの経験上、5時30分では客足がまだ途切れていないので値引きがしにくく、6時では夕食用の買い物には遅すぎて、売り切るのが難しくなるのでこの時刻に決めました。

ほとんどの店では、最初から売れ残ることを想定してロスを原価に折り込んでいますが、実はこれが間違いのもと。最初からロスを見込めば、どうしてもその分値段を高くつけな

■手づくり惣菜全品半額セールの風景

ければ利益が取れません。その結果、お客様が買いにくくなり、ますます売れ残りやすくなるのです。

もっと恐いのは、従業員の中に「ロスを見込んであるんだから、少しくらい売れ残ったって大丈夫だ」という気の弛みが出てきてしまうことです。

すると、閉店時間になっても、棚に商品が売れ残っている風景が当たり前になる。こんなことを毎日積み重ねている店と、「全部売り切ろう」と一生懸命になっている店の従業員との意識の差は歴然です。

ロスゼロを目指すことは、従業員の意識を高める教育にもなっているのです。

惣菜が売れ残り、廃棄する光景が当たり前になってしまうというのは、食べ物を扱っている者にとって本当に恐ろしいことです。

ものを無駄にしないためにも、真心こめておいしいものをつくり、それを売れ残らないよう一生懸命売る。そんな当たり前の感覚を絶対に失いたくないものです。

●誰も見向きもしない「規格外」も、全部使い切る精神で

さいちでは、他のスーパーでは捨ててしまうようなものも全部使い切ることを徹底しています。たとえば、大根の葉っぱも、きれいに塩漬けにしてお漬け物として出します。きゅうりは、まっすぐなものと曲がったものとでは仕入れの値段が倍も違うことがあります。

普通の店では、極端に曲がったものは使いづらいので避けてしまうのですが、さいちでは、もっぱら曲がったものを使います。前日のうちに朝4時か5時頃にちゃんと漬かるように塩でしめておくと、朝にはやわらかくなってまっすぐになる。**同じものができて、しかも仕入れは半値ですむ**というわけです。

さつまいもも規格外の大きなものは、農家の方が「出荷できないから」と言って、収穫せずに枯らして肥やしにしていました。

「それではもったいない」と思い、私は市場の問屋さんにお願いして、「全量買い上げるから」と言って、普通のさつまいもの3分の1の値段ですべて買い取るようにしました。農家さんにとっても、もともと捨てていたものがお金になるのですから大喜びです。

このさつまいもは、多いときで毎日5キロ入りの箱が10箱くらい届きます。でも、さつまいもは保管がきくので困ることはありません。

■一見、使い物にならないものも立派な商品に

ものすごく太いので包丁も入らず、揚げるのもふかすのも大変ですから、一般家庭でも他のスーパーでも誰も使いません。

それを専務は上手にふかして惣菜をつくります。仕入が安いので、その分売値も安くでき、お客様にとても喜んでいただいています。そして店のほうもきちんと利益が出るのです。

ものを大事にしようという気持ちで毎日毎日工夫していると、やはりいい結果が出てくるものです。

価格を値切らないほうが利益が上がる不思議な法則

問屋とは価格の話をしない理由

多くの企業は、問屋と値段交渉して安く仕入れることで利益を上げようとしているようです。

しかし、私はこの考え方はすべてとは言いませんが、間違っていると思います。

ほとんどの人が不思議に思うようですが、結論から言えば、**問屋との信頼関係を大切にし、価格を値切らないほうが結果的に利益が上がる**のです。

おはぎに使う小豆は、現在2つの問屋さんから仕入れています。最初はどこから買っていいのかわからず、あちこちから買っていたのですが、10年以上前から現在の問屋さんに固定しました。

私の問屋さんとのおつき合いの原則は、**「価格交渉はしない」**です。

問屋さんに言うのは、**「納得のいく商品を、おたくとの信頼関係においてお願いします」**ということだけ。こちらが信頼すれば、問屋さんもそれに応えようと、納得のいく商品を一生懸命探して納めてくれます。

たとえば、小豆なら、ものによっては胴割れ（皮が割れている状態）を起こしているものもありますが、これでは使いものになりません。

また、大きい粒や小さい粒が混ざっていてもダメ。大きさが違うと、煮るときに水の量も煮る時間も違ってくるからです。

そのことをよく理解してくれている問屋さんは、最初から粒の揃った、胴割れのない小豆を納めてくれるから心配いりません。

いまつき合いのある問屋さんは先方からアプローチしてきた会社で、うちが仕入れた小豆を保管し、手まめに届けてくれるというので取引することに決めました。

大量に仕入れても保管しておくスペースがないうちのような店にとっては、一番助かる提案だったからです。

注文日についても、「休みはいつといつで、時間は……」と面倒な条件があると困るのですが、その問屋は「毎日でもいい」と言ってくれました。

相手の立場に立って、相手のことを考えて商売をしてくれる。だから信頼できるのです。

これは問屋さんとの関係に限らず、どんな取引関係においても言えることではないでしょうか。

お互いが幸せになれることを追求した結果、直取引→翌日振込

おはぎに使うもち米は、以前は業者から買っていましたが、**現在では地元宮城県内の農**

家さんから直接買っています。1995年に食糧法が施行されて、農家が米を自由に販売できるようになったからです。

業者さんはあちこちの生産者の米をブレンドしてしまうので、私たちは品質の面で判別がつきません。これでは「この前使った米と全然違う」ということになってしまいます。

もうひとつ困るのは、業者さんの場合、休みが多すぎることです。

たとえば、3連休のときには3日分の米を買わなければなりませんが、うちの店にはそんな保管場所はありませんし、その間に品物が劣化してしまうおそれがあります。

米を直接農家から買えるようになってから、地元の米作農家の方に相談すると、近隣の農家さんと一緒だったらできるかもしれないという返事をいただきました。

もともと宮城県内には「みやこがね」という抜群においしいもち米があります。

ところが、当時は日本全体であまりもち米を食べなくなってしまったため、国内でももち米の生産量が減り、みやこがねをつくる農家も減っていました。

そこで農家さんと相談して、みやこがねの田んぼを増やしてもらい、収穫したもち米を**うちで全部買い取ることにした**のです。

農家の方の話を聞くと、以前は農協を通じてしか販売できなかったので、お米を納めてから支払いまでに時間がかかるので困っていたそうです。そこで私は**「現金で毎日払う」**と約束しました。

もち米を納めてもらったら、**翌日には銀行振込で支払う。その代わり、必要なときにはいつでも農家さんに直接届けてもらう。**

農家さんにもメリットがありますし、うちとしても本当に助かる。既成のルールにとらわれずに、**お互いに幸せになれる最適な条件を考え抜いた結果、こうなった**のです。

いま、2軒の農家からもち米を買っていますが、そのうち1軒はどんどん規模を拡大し、いまでは法人化して社員を雇い、バリバリやっています。

冷めてもおいしいササニシキを、豊作・不作に関係なく同価格で

その大規模にやっている農家さんには、お弁当などに使う普通のお米もつくってもらっています。

ササニシキはかつて宮城県の代表的な銘柄でしたが、倒れやすくて風や雨に弱く、つくるのが難しいので作づけする農家が減っていました。

倒れやすいという悩みに応えて開発されたのが「ひとめぼれ」で、つくりやすく収穫も多いので、いまではササニシキよりもはるかに作づけ面積が増えています。

しかし、昔からササニシキを食べてきた私からすると、ササニシキのほうが口に合うのです。**特に冷めてもおいしいのが特徴で、お弁当には最適**です。

ところが、ササニシキはつくる農家が減ったので値段が上がり、業者さんから買うのが難しくなっていました。

そこで**農家さんに頼んでササニシキの田んぼの数を増やしてもらい、直取引**することにしたのです。

価格は信頼関係で農家さんに決めてもらっていますが、それでも業者さんから買うよりも安い。そして、**「豊作になっても不作になっても同じ値段で」というのが条件**です。不作になったから高いとか、逆に豊作だからこちらから安くしてくれ、というのではお互いに困るからです。

そうすることで、うちとしては安心して同じ値段でお客様に提供し、安定して利益を確保できます。また農家さんも商社ではないので、一時的に高利を得るよりも、納得のいく値段で**安定して買ってもらうほうが安心**できると思うのです。

お米は毎日必要な分を届けてくれます。農家さんは通常は籾（もみ）の状態で冷蔵庫で保管し、うちの注文を受けてからその分だけ精米機にかけます。

小分けで10～20袋（1袋は30kg）。FAXで頼んでおくと、朝7時前には届けてくれるので重宝します。

うちには在庫を置いておく場所がないですし、保管も難しいので、農家さんのほうでしっかり保管してもらえるのはとても助かるのです。

業者さんとの取引では1週間分くらいまとめて届くのが普通で、店で保管するには重ねて置かざるを得ず、米が圧迫されて硬くなり、風通しも悪い状態で品質によくありませんでした。その点、いまは品質面でも本当に安心です。

農家さんは農協や流通業者に頼らずに自分の力でやらなければいけないので、本当に真剣勝負。ですから、私も信頼してお任せできるのです。

●「無農薬」は謳わない、考えない

私は食べ物はおいしくて安全であればいいと思っています。

うちの場合、「添加物は使わない」という意味での「安全」が原則です。添加物については、安全の範囲ならいい、法律違反にならなければいいという考えは取りません。なぜなら、昔ながらの食べ物には添加物は使われていなかったからです。

最近の人は、昔ながらのやり方で料理をつくることができなくなった。その手間の部分を補完してくれたのが化学調味料や添加物でした。

ともすれば、それだけ家庭のお料理がおいしくなくなった。食べていて味に飽きがくるようになってしまったといえます。

逆に言えば、「飽きのこない味」をつくれば、「おいしい」と感じて買いにきてもらえるということです。

そのためには、腕を磨き続け、気持ちを磨き続けなければいけません。

ところが「無農薬」とか「有機栽培」「××産使用」を謳うと、そのことに甘えてしまって、従業員がおいしくつくる努力を怠ってしまいます。

私は農家さんや問屋さんにも「無農薬のものを」という要求はしていません。言わなくても、いまは昔のようにやたらと農薬を使う時代ではありません。農薬散布の際、どうしても自分が農薬を浴びてしまうので、農家さん自身が使いたいとは思っていないのです。

ですからこちらがわざわざ何も言わなくても、農薬をなるべく使わない努力をしてくれています。これは本当にありがたいことです。

逆に、どんなに天候不順があったり病気が流行ったりしたときでも、「無農薬でないとダメ」というのでは、農家を苦しめるばかりです。無理に仕入れようとすれば値段が上がり、それは結局お客様に跳ね返ってしまいます。あるいは赤字のまま売り続けることになり、商売は長続きしません。

問屋さんも、長く信頼関係を続けていると、私たちのためにこちらでも気がつかなかったことまで考えてやってくれるようになります。

私たちのために徹底的に勉強して、うちの商品に合ったものを納めてくれます。

売った買ったの価格交渉で神経をすり減らさなくてもいいので、**気持ちにも考え方にも余裕ができ、「いいものを持っていこう」という姿勢に自然になる**のです。

まず自分が相手を信頼すれば、相手から値段を下げてくれる

問屋さんや農家さんとの関係に限らず、商売をやっていくには信頼関係が何よりも大切

です。

信頼関係を築くには、自分が先に動かなくてはいけません。相手に「信頼してくれ」と言うのではなく、**まず自分が相手を信頼する**ことです。

自分が「この人ならやってくれる」と感じたら、自分が考えていることを腹を割って伝え、キチッとお願いする。そのときどきの都合で話が変わってくるのでは困るからです。

たとえば、農家さんとも「豊作になったら安くしろ、不作だから値段を上げろというのではお互いに困るでしょう？」と最初からお話しします。

そうして安定した関係を築いていくと、おのずと値段が下がっていくのです。

最初から値切って値切ってというのでは、信頼関係は結べません。これは生産者ばかりではなく問屋さんでも同じです。

ずっとおつき合いしているうちに、「社長命令で、値段を下げるように言われてきました」ということも実際にありました。

問屋さんの立場で考えると、ある程度安定して使ってもらっている取引先は、「大事にしたい得意先」のはずです。

逆に、いつも値切られてばかりの取引先に対してはどうでしょうか。

同じものでもA級品とB級品がありますが、「どうせ値切られるんだから、最初からB級品を持っていけばいい」と考えても不思議はありません。

仮に、A級品が100円、B級品が80円の価値だったとします。100円のA級品を持っていっても、80円に値切られる。それなら最初からB級品のものを100円と言って持っていけば、80円に値切られてもいいやということになってしまうわけです。

それを使って商品をつくれば、お客様に売るときには、当然、A級品を使ったものより質が落ち、結局商品は売れなくなる。売れないから、利益を確保するために原価を下げようとますます値切る、という悪循環に陥ってしまいます。

また、「お客様のためによいものを安く」という気持ちを持っていても、それがイコール「取引先を値切る」ことになってはいけません。

結局、品質が落ち、お客様によいものを提供できなくなってしまうからです。「よいものを安く」と思うなら、**問屋さんには絶対値切らない。逆説的ですが、それが鉄則**です。

利益はあとから必ずついてくる

問屋さんでも小売りでもまったく同じですが、販売を拡大して利益を上げるのは、どの会社にとっても第一の目標です。

そこで注意していただきたいのは、自分の商品をアピールするには「口先のアピール」では絶対に無理だということです。

一番強力なのは、他の人からの口添えです。自分がお世話になり、絶大な信頼を寄せている人が「あの問屋はいいよ」と言っていれば、その問屋さんを使いたいと思うでしょう。私だって人に相談されれば、当然、自分が安心して取引できている問屋さんを紹介します。いまはいくら丁寧な言葉で営業されても、相手が簡単に飛びつくような時代ではありません。

ところが、「うちはあの小売屋さんと取引させていただいています」のひと言だけで、成約する。その小売屋さんが信用の高い店なら、「あそこが使っているなら大丈夫だ。安心だ」ということになるのです。

よく知っている人や信頼している人に「あの店のおはぎはおいしいよ」と言われれば、

「そうか、私も今度買ってみよう」と思うのとまったく同じです。

うちに惣菜やお弁当のパックを納入している容器メーカーさんは、うちの店にとって使い勝手のいい製品を一生懸命つくってくれていますが、そのメーカーさんは「さいちが使っている」ことをパンフレットに掲載して、いま抜群にシェアを伸ばしているようです。ある意味でさいちの名前を利用しているわけですが、それで経営がうまくいき、もっとよい製品をつくってくれれば、それにこしたことはないと思っています。

小売店は問屋さんや仕入先を値段で叩いて、殺してしまっては絶対にいけません。問屋さんも小売屋さんも**「共存共栄」**。**こちらの姿勢がそのまま相手に映し出され、それが結局は自分に返ってくる**のです。

結果的に相手を締め上げるよりも安く、よいものが手に入り、安くてよい商品をつくってお客様に提供することができる。お客様に買って喜んでいただいて、こちらもきちんと利益を取ることができる。お客様とも「共存共栄」の関係が築けるのです。

利益を先に考えなくても、利益はあとから必ずついてくる。私は長年商売をしてきて、そう確信しています。

第5章

チラシなしでも、家族の絆があれば、お客様がひっきりなしに押しかけてくる

父が社長、母が専務、長男が常務！小さいからこその強み

●日本的家族経営でうまくいくコツ、やってはいけないこと

さいちは、私が社長、妻が専務、長男が常務という日本的な家族企業です。従業員は現在のところ社員が15人、1日8時間と6時間の時間パートの方が13人、4時間パートの方が25人。売場面積は80坪にも満たない小さなスーパーです。

小さな会社のよいところは、経営者と従業員の距離感が近いことです。経営者の経営理念や哲学、また具体的な方針も、すべての従業員に直接伝えられます。大きな企業になればなるほど、末端まで経営者の思いが届きにくくなるのは当然のことで、大企業の経営者は非常に苦労されているようです。

経営者が従業員を家族同然に思い、愛情をこめて育て、従業員の幸せを真剣に考え、できる限りの処遇をする。そうすれば、おのずと従業員も自分が家族の一員のような気持ち

で働いてくれます。

しかし、血のつながった家族でも親子のコミュニケーションがなかなか取れないように、「小さい会社だから意思疎通が簡単だ」「みんなわかってくれているはず」と思い込むのは大きな間違いです。経営者がきちんと自分の経営に対する考え方を伝え、それを徹底することが大切です。

第3章でも述べましたが、さいちでは毎朝の朝礼で、**「企業理念」「誓いの言葉」を全員で唱和し、3つの「行動指針」も徹底**しています。

一方、私自身が朝礼で話すのは月に2回、それも5分以内と決めています。経営者が同じようなことを何度も繰り返し、長々と話していると、従業員は「またか」という感じになって話が心に響かないからです。

一番大切な基本のところは徹底的にやり、話は短く、ポイントを押さえる。親子にたとえれば、「オヤジは筋が通っている」「でも細かいことはうるさく言わない」という信頼関係につながっていくのではないかと思います。

経営者みずからが背中を見せる

日本的な家族経営の成否の最大のポイントは、「経営者が一番苦労し、働いているか」、それとも「従業員を働かせて経営者が楽をしているか」です。

はっきり言って、経営者が楽をしている会社は絶対にダメです。従業員が働く意欲をなくし、その意欲のなさはお客様にまで伝わってしまいます。

逆に、経営者がどの従業員よりも働き、誰よりも苦労していれば、その姿を見て従業員は「私もがんばらなきゃ」という姿勢に自然になり、経営者に対する愚痴や不平不満も言わなくなるのです。

もちろん、苦労している姿をあえて見せようという話ではありません。それでは従業員に見透かされて、かえって不信を買ってしまうでしょう。

経営者が「自分が一番働くのが当たり前」だと思っていれば、自然に伝わるのです。

いま、うちの店では従業員のほうが専務に、「少し身体を休めてください」と気づかってくれるので、ありがたい限りです。

専務は朝1時半には調理場に入ります。調理スタッフが増えてきたので、朝、早番スタッフだけで調理場がすいている間に、専務しかできないメニューの仕事をするためです。それでも、以前に比べれば仕事面でも気持ち面でもだいぶ楽になったようです。早番スタッフは現在7、8人ですが、ものすごい急ピッチで仕事をするので、「本当によくできるようになった」と感心するほどです。

いまはずいぶんと従業員に仕事を任せられるようになったので、ずっと調理場にいなければいけない状態ではありません。店頭でお客様と話をしたり、必要があれば調理場に行って指示を出したり自分でつくったりします。

夕方に調理場を閉める指示をして店の2階にある自宅に戻り、夜7時には家族で食事をします。就寝は9時をすぎるので、睡眠時間はせいぜい4時間程度でしょう。

私のほうも、いまは仕入を担当責任者に任せているので、朝はずいぶん楽になりました。朝5時頃に起き、自身の健康のために、1時間ほどかけて高箒（たかぼうき）で店の周辺の道路を掃除します。

以前は普通の庭箒（にわぼうき）でやっていたのですが、腰を痛めてお医者さんに叱られたので高箒に代えました。地元の方への恩返しと、道路の渋滞などでご迷惑をかけていることもあるのですが、私自身の健康のためでもあります。

それに箒ではいていると、無心になれるのです。頭の中にあったモヤモヤとした考えもスッキリ整理がつきますし、アイデアが浮かぶのもこの瞬間です。朝礼で何を従業員に話すかを考えつくのも、だいたいこの時間です。

それから店に入って仕事をして、夜は8時に閉店なので、その日の売上や仕入関係のチェックをします。

最後に、第4章でご紹介した「対照表」をつけるのは、だいたい従業員が全員帰宅したあとからです。その後、30分間早足で近所を散歩します。あくまでも健康のためで、コースは道路に街路灯のあるところなのでだいたい決まっています。

●一番苦しい時期は、家族の絆で乗り切る

スーパー開店前は、店の経営も私たちの生活も本当にどん底の状態でしたが、開店してからも、10年ほどは資金繰りが苦しい状態が続きました。

そんなときに本当に大きな助けになったのが、地元のお客様からの大きな励ましの注文

でした。

たとえば、地元秋保温泉の旅館の方から、お葬式のときに海苔巻きといなり寿司のセット１２００パックの注文をいただいたことがあります。海苔巻きが２本、いなり４個のセット、返礼のお茶なども全部任せるというお話でした。

それまでにも同様の注文は受けていましたが、多くて３００パック程度。うちは手づくりでお米も全部手で研いでいたので、最初はどうしても無理だと断りましたが、なんとかやってもらえないかということでお受けしました。

電話を受けたとき、調理場のスタッフは全員帰ったあとだったので、家族だけでなんとかするしかありません。その夜は私も専務も一睡もせずにお米を研ぎ、ひたすら海苔を巻き、いなりを詰めました。

いま常務をしている長男は、当時中学2年でしたが、専務が教え込んで海苔巻きを手伝わせました。中学から寮に入っていたので、先生にお願いして夜遅くに家に帰らせてもらい、海苔巻きを何百本もつくらせました。

仙台の学校に家から通っていた長女には、「何百本巻かないと学校に行ってはダメ」と言って、手伝わせました。

ところが、朝のスタートが遅かったため、バスに間に合わず、涙をこぼしながら海苔巻きを巻いていました。娘は約束の本数を巻き終えると、自分のお小遣いでタクシーに乗って学校に行きました。車で送り迎えなんてとんでもありません。

娘は帰宅してから「自分がもっと早く起きてやればよかった」と言っていましたが、待っていたのはその言葉でした。

自分が約束した以上、自分の責任で最後までやる。きちんとできるように自分でスケジュールを立て、自己管理する。娘はこのときの経験から、すごく大人になったと思います。

ちなみに、専務に似て手先が器用なのか、娘も息子も、海苔巻きは天下一品で、私よりもずっと上手に海苔巻きをつくります。

息子は高校のときにアメリカにホームステイに行きましたが、出かける前に「アメリカで海苔巻きをつくって食べてもらうか」と冗談で言っていたほどです。

こうした冠婚葬祭の他、地元の町内会の新年会を公民館でやるときなどにも、同じ料理の注文をいただきました。元旦でお店が休みなので店には誰もおらず、やはり家族4人だけの作業です。長男を学校の寮から呼び出し、娘が他で働くようになっても、手が足りないときは呼び戻しました。

家族経営の会社ですから、こうした〝緊急事態〟はやはり家族で乗り切るしかありません。従業員に無理を言うことももちろんありますが、まず家族が一番の苦労を背負うのが当たり前だと思っています。

開店から5～6年は、事務所のベニヤ板で寝泊まり

私はこれまで本当に「食事の時間を惜しんで」仕事をしてきました。

時間がないので食事を摂らないことも多く、スーパー開店からかなり長い間、寝床で寝るなど考えたこともなかったほどです。

5、6年間は家に帰って寝る暇がなかったので、事務所にベニヤ板を敷いて寝ていました。何年も布団の上で寝たことがなかったのです。

人をたくさん雇うお金もないので、従業員は10人そこそこ。人手が足りないのでいくら仕事をしても終わらないのです。自分の給料や休みはあとまわし。とにかく従業員にはきちんと給料を払い、幸せに生活を送ってもらいたいと必死でした。

当時、夜は9時まで営業していて、それから夜通し帳簿づけや棚の整理。朝5時には魚や青果の仕入に市場に行かなければいけないので、寝る時間がないのです。

しかも鮮魚の扱いは初めてだったので、魚の名前がわかりません。これでは、魚を買おうにも相手にしてもらえないので、朝セリが始まる1時間には市場に行き、箱に魚の名前が書いてあるのを見ながら、B5ノートに魚の形や特徴と名前を書き、自分なりの観察ノートをつくって覚えていきました。

また、オープンしたてのときは冬だったので、夜の間に店の駐車場に積もった雪かきをしなければなりません。お客様が来られなくなったら売上が少なくなり、資金繰りがどうにもならなくなります。

夜、雪かきをしていると、旅館の女中さんたちが11時頃に店の前を通って帰っていきます。なかには、お客様の都合で早朝5時か6時に出勤する女中さんがいますが、その人が朝通るまで、ずっと雪かきをしていることもめずらしくありませんでした。

夜「おやすみ」と言って帰っていき、朝「おはよう」と挨拶する。そのとき、「お早いこと」と言われるのですが、降り続く雪と根比べで、実はずっと雪かきをしていたのです。

まだ長男が小さいときでしたが、1、2か月も顔を合わせないこともありました。

当時は前の店舗兼自宅に住んでいたので、スーパーとは80ｍほどしか離れていませんでした。それでも子どもに会う暇がないのです。

専務は「お父さんの顔がわからなくなると困るから」と言って、子どもにときどき店に顔を出すように言い、そのときには必ず野球帽をかぶせていました。

そして、子どもが私のところに来ると、その野球帽をパッと取って、「お父さん、しばらく」と言って挨拶して帰っていきました。

それほどめったに顔を合わせることがなかったのです。

死の一歩手前まで行った専務！　苦労が家族と従業員の絆を深める

専務もお惣菜をつくり始めてから最初の10年間は、女性１人にお手伝いいただきながら、つくっていました。

ご近所の方から「昨夜、真夜中にトイレに立ったら、厨房に電気がついたままだから、消し忘れじゃないの？」とわざわざ電話があったこともありました。

「本当にありがとうございます」とお礼を言うしかありませんが、実際には夜通し働いていたのです。

不思議なことに、私はそれでもずっと病気はしませんでしたが、専務は25年ほど前に一度倒れて、死の一歩手前まで行ったことがあります。

一時心臓が止まってしまい、地元の病院の看護師さんに急いで来ていただいて心臓マッサージを受け、なんとか命は取り留めました。

すぐに大きな病院に回されてカテーテル治療を受け、点滴をしてもらいましたが、そのときは顔も体も真っ白で、半分死んだような状態でした。まるで釣ったばかりの魚のように体が硬直していたので、点滴をしながら、みんなで体を一生懸命もみほぐしました。専務自身、「自分は一回死んだような感覚を覚えた」と話していました。

それでも、スーパーを開店して5年目くらいの一番大変な時期だったので、本当は1週間は入院しなければならないところを3日間で退院してしまいました。

まだ長男が小学生で、専務は「私に万一のことがあったら、子どもをどうしよう」と心配で仕方がなく、「どんなことをしても生き延びなくては」という気持ちで乗り切ったと言います。

さいちには、当時のことを知っている従業員もいるので、自然に従業員の間には「社長と専務がどれだけ苦労してきたか」が浸透しているようです。

やはり共にした苦労は、人と人の絆を深めてくれるものです。

いま、専務は「調理場に行くと、若いスタッフが椅子を出してきて〝そこに座って休んで見ていてくださいね〟と言ってくれる」と喜んでいます。

「雇ってもらえますか?」——東京に出て行った長男の後継者問題

家族経営をしている社長さんの中には、後継者問題で悩んでいる人も多いかと思います。

私も店を長男に継がせたいという思いはずっと持っていました。

長男が仙台市にある東北学院大学商学部を卒業したあとは、どこかに奉公にやるつもりで何軒かに打診し、「ぜひうちに来てほしい」という言葉もいただいていました。

しかし、長男には自分なりの道を歩いてみたいという思いがあったのでしょう。東京に出て、証券会社に入ってしまいました。

私は長男が東京に出ていってからは、「店を継いでほしい」という思いを断ち切るために、一度も連絡しませんでした。

長男から電話があったときも、絶対に電話には出ませんでした。話せば未練が生まれてしまうからです。長男が店を継がないのなら、従業員に再就職などもきちんとしたうえで、店をたたむつもりでいました。

それでも長男は、店のことを完全には忘れていなかったのでしょう。28歳のときに「雇ってもらえますか」と電話を寄こしてきました。**「継ぎたい」ではなく「雇ってもらえますか」という言葉に長男の覚悟というか、思いを感じた**ものです。

しかし、私はすぐにウンとは言いませんでした。

商売のあとを継ぐには25歳までに決めないとダメだと考えていたからです。ある程度年齢が行ってしまうと、それまでの経験から来る先入観が邪魔してしまい、その仕事に同化しにくくなる場合があるからです。

私は最初からこの土地、この商売しか知らない、〝井の中の蛙〟です。

逆に言えば、この井戸の中からは逃げられないので、絶対にがんばらなくてはと思う。他の世界がバラ色なのを知らないので、「ご飯を食べなくても、寝なくてもやる」という気持ちになれるのです。他の世界を知っていると、苦しいとき、落ち込んだときに、昔いた場所のことを考えてしまう。気持ちが逃げてしまう。それが怖いのです。

私はみんなに幸せになってほしいと思っています。親子だろうと兄弟だろうと、社長と従業員の関係だろうと、その人が幸せにならないと困るのです。

「あとを継ぐなら25歳までに」と決めていたのも、本人の幸せのためにそうすべきだと思っていたからです。ですから、長男が25歳をすぎたときは、店を継がせることはあきらめていました。

しかし、長男は証券会社で働きながらも店が気になっていたようで、東京のいろいろな小売店を見て歩いていたようです。私が上京したときも、「こんな店もあるんだよ」と何軒か案内してくれました。

結局、長男は29歳のときに証券会社を辞めて店に戻ってきました。

最初は朝3時に起こして調理場に入れ、昼12時までお惣菜づくりを手伝わせました。お惣菜は自分でつくってみることが大事で、自分がつくったものがどう商品になっていくのか、お客様がなんで喜んでくれるのかがわかるからです。

しかし、厨房だけでは商売を覚えないので、その後は売り場に出し、途中休憩を取らせて夕方まで働かせました。

いまでは「常務兼仕入部長」として、仕入れを全部任せています。ですから、いまは問屋さんもみんな私ではなく、長男を訪ねてくるようになっているのです。

●社員もパートさんもみんな家族

社員旅行は数年前まで恒例にしていました。北は北海道から南は沖縄まで、いろいろなところに行きました。

旅行にはパートさんも含めて全従業員が参加し、従業員の子どもも連れていきます。パートの奥さんなどは子どもを置いてはいけないからです。

社員もパートさんも、みんな「さいち」の家族の一員です。やはりみんなで社員旅行に行くことで一体感が出てきますし、パートの人たちでも社員旅行に参加することで、「自分もさいちの一員なんだ」という誇りと自覚を自然に持ってくれるようになるのです。

今年の正月休みに予定していた社員旅行は、新型インフルエンザの影響で中止しました。従業員のほうから「この時期だからやめておいたほうがいい」と提案してきたのです。

たしかにお客様商売ですから、誰かが新型インフルエンザに感染してきて、お客様にうつしたりしたら申し訳ありません。来年はその分もがんばっていきたいと思っています。

もちろん「家族同然」とは言っても、プロとして働いてもらっている以上は厳しさも必要です。成果主義体系も取り入れていますし、ときには厳しく叱ることもあります。でなければ利益が出ず、従業員の生活を守ることもできなくなるからです。

従業員みんなに幸せになってほしい。

一人ひとりの顔が見える小さな会社だからこそ、より強くそう思えるのかもしれません。

●「この店に来ると癒される」――うれしかったお客様のひと言

いつも買い物にきてくださるお客様が、こう言ってくださったことがあります。

「この店の惣菜売場に来ると、癒される。居心地がいいから、ついつい毎日来ちゃうんだ」

癒される、というのはとてももうれしい言葉です。

店に来ていただいて、ホッとしてもらえるというのは、それだけ店の雰囲気がよく、落ち着けるということでしょう。

従業員のみんなが明るく、健康的に、楽しそうに働いていてくれているからではないかと思います。

働いている従業員が幸せでなければ、店の雰囲気は暗くなります。

だから、経営者が従業員の幸せのために一生懸命働くことは、店を繁栄させることにつながるのです。

また、「癒される」というのは、さいちが小さな店であること、にぎやかな街中とは違って人ごみなどない静かな田舎町にあることも影響しているかもしれません。

山の中の交通も不便な過疎の町にある、小さな家族経営の店。**ビジネスの常識から言えば不利な条件ばかりですが、それが逆に、お客様にわざわざ来ていただけている「強み」になっているの**ではないかと思っています。

大手スーパーやコンビニの出店は、大歓迎！

●どんな不便なところでも、お客様がどっと押し寄せる強みを

さいちがある秋保町は人口たった４７００人程度、しかも年々少しずつ人口が減っている過疎の町です。

それでもさいちは毎年、右肩上がりで売上と利益を伸ばし続けてきました。それはやはり、「秋保おはぎ」「お惣菜」という絶対的な強みを持っているからです。

いま、売上の比率は地元のお客様が４割、地元以外の方が６割。わざわざ遠くから、さいちのおはぎとお惣菜を買いにきてくださっているわけです。

さいちではいま、チラシは打ちませんし、広告も過去２回新聞に出しただけです。

いま駐車場に掲げてある「秋保おはぎ」つきの店の看板も３年前に立てたばかりで、それまでは車で買い物に来て、気づかずに店の前を通りすぎてしまうお客様がたくさんいたほどです。

駐車場は店の前には15台分しかなく、少し離れた第2駐車場を足しても35台分程度で、土日祝日はすぐにお客様の車であふれかえってしまいます。

それでも、こんなに大勢のお客様に来ていただけるのは、本当にありがたいことです。

最近では、ときおり、旅行会社のツアーまでやっています。45人乗りの大型バスを使い、仙台周辺でウイスキー工場やハム工場などを見学したあと、さいちにやってくるのです。

お客様からの要望で、他の大きな菓子会社に行く予定をキャンセルして、急遽うちの店に来たツアーもありました。

ツアーでよく立ち寄るような大きなお店なら、お買い物のあとにお客様に少し休憩していただく場所もあるのでしょうが、うちの店の接客スペースと言えば、事務所にある4人でぎゅうぎゅうになる小さな応接室だけです。そのことを説明すると、先方も了解してくれ、「では買い物だけさせていただきたい」ということになりました。

過疎地で商圏が小さい、立地が悪い、ライバル店ができた、大きなスーパーに客を取られた。不景気で客が来ないなど、経営者の方はいろいろ売れない理由を言いますが、その前に、**どんなに小さな町、田舎の不便な場所でもお客様が足を運びたくなるような店づくりや他にない商品など、自分だけの「強み」**を考えてみてはどうでしょうか。

●開店9年目に、チラシを全面廃止

経営が苦しかったさいちが大きく変わったきっかけは、思い切ってチラシをやめたことでした。

オープンした１９７９年当時はまさにスーパーの勃興期で、新しい店が入れ替わり立ち替わり創業し、伸びる店もあれば消えていく店もある、そういう時代でした。

競争が激しいので、さいちでも開店当初はチラシを出さざるを得ず、近隣から少し広い範囲までチラシをまいていました。毎週１回、お盆やお彼岸、年末年始などには大判のものをつくって入れていました。毎回８０００～１万枚も印刷し、さらに新聞販売店への折込料金を加えると相当な出費でした。

チラシを出せば、その日の売上は普段より少しは多くなります。

しかし、利益はまったく出ません。売上が少しばかり上がっても、チラシの経費で利益が飛んでしまう。資金繰りに苦しみ続ける状態から抜け出すことはできませんでした。

お客様はA店、B店、C店を比較して、少しでも値段の安いところに買いに行く。価格競争に勝つためには、仕入れた値段よりも安い値段をつけざるを得ない場面もどうしても出てきてしまう。これでは完全な原価割れです。しかも売れるのは安いものばかりですから、利益が上がるはずがありません。

また、安いという理由だけで買い物にくるお客様は、「お得意様」にはなってくれず、よそのスーパーが安ければまたそちらに行ってしまいます。

結局、チラシ合戦では、単店舗の小さなスーパーは複数店舗の大きなスーパーに絶対にかないません。5店舗、10店舗ある会社は大量に買うので、安く仕入れられるからです。

また、チラシにはもうひとつ大きな弊害がありました。

それは従業員のお客様に対する扱いが乱暴になってしまうのです。お客様はとにかく安ければいいと思ってくる。すると従業員もただ売るというだけになって、きめ細かいサービスなど忘れてしまう。**サービスがまったく向上しない**のです。

私はこの2つのことにどうしても納得がいかなくて、**開店から9年目にチラシをやめる決断**をしました。

ちょうど、「秋保おはぎ」とお惣菜を目的に買い物にきてくださるお客様が増え始めていたことも背中を押してくれました。

実は惣菜は最初からチラシには載せていませんでした。1点くらい目玉商品として安くしようかとも思いましたが、安さで買ってもらうのではなく、**食べたいと思って買っていただき、「おいしかったよ」と言っていただけるような商品にしたかった**からです。

おはぎを始めたときも、チラシに「おはぎもございます」とは書きましたが、セールは一切しませんでした。

結果的には、チラシをやめたのは大正解でした。

接客も向上して店の雰囲気がよくなり、地元を中心に毎日買い物にきてくださる常連のお客様が増えました。おはぎとお惣菜の評判も、常連客の方々から次第に口コミで広がっていきました。

商売は長い目で見れば、**価格競争に巻き込まれることなく、お客様を本当に大事にすることが大切**なのです。チラシ合戦の失敗を通して、私はそのことを学んだのでした。

私がチラシをなかなかやめられなかった背景には、ライバル店の存在がありました。

スーパーの開店前から、すぐ隣に同業のお店がありました。当時、佐市商店は私の母が店を継ぎ、私を育てながら女手ひとつで細々と商売をしていました。ライバル店は、一足早くスーパーに切り替えてバリバリ商売をしていました。

私が「主婦の店・さいち」をオープンしたとき、そのライバル店ががんがんチラシを打つので、対抗せざるを得なかったのです。

さいちはチラシをやめたことで逆に売上が伸びていきました。ライバル店はチラシを打ち続けましたが、将来を見込して商売を衣替えしました。

●スーパーやコンビニは「共存共栄の仲間」

ライバル店が衣替をしてホッとしたかと言えば、実はまったく逆でした。「地元の方のために店を閉めるわけにはいかない」と、ますます責任を重く感じるようになったのです。

うちの店だけですべて間に合うようにしなければならないので、品揃えにもより気を遣わなければいけません。あとに、大手コンビニが町に相次いで2軒できましたが、そのときは正直ホッとしたものです。

2軒目のコンビニが出店したときには、周囲の人が「大丈夫か」と心配してくれましたが、実際にはコンビニが出店するたびに、なぜか店の売上は伸びました。

それだけではありません。仙台市の市街地が拡大し、**仙台駅と秋保町の間に次々に大型スーパーが開店しましたが、そのたびにさいちの売上が伸びた**のです。

大型スーパーに買い物にきたお客様が、「ここまで来たから、ついでにさいちに寄っておはぎを買おうか」「お惣菜を買って帰ろうか」ということになり、おはぎやお惣菜を買いにきてくださる。ついでにスーパーで買い忘れたものまで買っていってくださるからです。

小さな店は価格や商品の数では大型スーパーにかないませんし、立地や営業時間ではコンビニにかないません。

でも、スーパーにもコンビニにもない独自の商品やサービスがあればお客様は来てくださいますし、近くにスーパーやコンビニがあればかえって集客力が増えます。小さなお店はスーパーやコンビニをライバルと考えるのではなく、**「共存共栄」の仲間**ととらえてみてはどうでしょうか。そこから店づくりの新しいアイデアや工夫も生まれてくるはずです。

「共存共栄」こそが、みんなが幸せになれる唯一の哲学

「共存共栄」は、私が最も大切にしているモットーです。

この考え方に出合ったのは、私の命の恩人であり、さいちの開店から現在に至るまでずっとお世話になっている栃木県のスーパー、ダイユーさんとのご縁からでした。

私がスーパーの開店前に勉強させていただいていた頃、ダイユーさんは年に1回、「大調和会」というすばらしい会合を開いていました。

大きなホテルの会場を借り、全従業員、そして問屋さんなど関係する会社の方たちを招いて講演会を開くのです。その会に招いていただいたとき、講演者が渡辺崋山の「共存共栄の哲学」についてお話をされたのです。

同業者が相手を潰すようなことをしてはダメだ。お互いに一緒になって伸びていけるようなおつき合いをしていかないといけない。渡辺崋山は江戸時代後期の田原藩家老・画家ですが、商売についてもそうした精神を説いていたというのです。

その話を聞いて、私は本当に驚きました。

実を言うと、私はそれまではまったく反対だと思っていたからです。

私はライバルを潰そうなどと考えたことはありませんが、競争の世の中です。いろいろな考えがあるのも仕方ないと思っていました。

しかし、結果的に見れば、ライバルを潰そうとした側が撤退して、ライバルになるはずのスーパーやコンビニが出店するたびに売上が伸びていきました。

問屋さんや農家さんとも共存共栄で、**まず相手を信頼し、相手もきちんと商売をやっていけるようにすることで、結果的にうちにとって最適なものを工夫して納めてくれるようになり、何も言わなくても値段を下げてくれる。**

同業者にお惣菜づくりのノウハウも含めて企業秘密もすべてお教えすることで、全国からすばらしい企業の方たちに研修に来ていただき、自分たちも勉強になり、大きな励みをいただける。**「共存共栄」こそが成功の最大のカギであると同時に、みんなが幸せになれる唯一の哲学**ではないかと思うのです。

「景気が悪い」「経済状況が悪い」と言って、なんとか自分だけが生き残ろうと考える経営者がいます。しかし、いつの時代も大切なのは「共存共栄」なのです。

競争相手がいると、「お客様がライバル店に行ってしまって困る」と考えがちですが、そうではありません。お客様はよく勉強していて、同じレベルの店があっても、少しでも努力している店のほうに足が向くのです。お客様が比較してくれる対象があることは、自分たちがもっと勉強し、自分自身を磨くために欠かせないことです。仮にライバル店がなくなっても、そこで努力を怠れば、お客様はもっと別の店に行ってしまいます。

「共存共栄」は、お互いに切磋琢磨すること。そのことで共に勉強して、結果的により多くのお客様をお迎えすることにもつながるのです。

●墓掃除で「共存共栄」を実感した40歳の頃

いまから35年前になるでしょうか、共存共栄を肌で感じたことがありました。

スーパーを始める前、何かモヤモヤした思いが自分の中にあり、でもどうすればわからない状態が長く続いていました。

母親は毎日仏壇に線香を上げていましたが、若い頃は「そんなのどうでもいいや」という感じでした。

しかし40歳にもなると、そうしたものが心の中に響くようになり始め、何かしたいという気持ちが出てきたのです。

そこで始めたのが、朝早起きしてお墓を掃除することでした。まだ体裁を気にしていた当時の私にとっては、お墓はあまり人がいないので好都合だったのです。

毎日箒を持って墓地に行き、自分のお墓の周囲だけを掃除して、「ああ、キレイになった」と満足して帰ってきていたのですが、秋、落ち葉の季節になると、自分のところだけをキレイにしても、ちょっと風が吹くとよそから落ち葉が飛んできて汚れてしまいます。

そのときに思い出したのが、ダイユーさんの講演で聞いた、渡辺崋山の「共存共栄」という言葉でした。

「そうか、うちのお墓を大事に考え、うちが幸せになるには、周りのお墓も大事にしてあげればいいいんだ」

そう思って、よそのお墓も掃除するようになると、墓地全体がきれいになり、当然、うちのお墓もずっときれいになりました。

「共存共栄は、まさに正しく、すばらしい」と思いました。

自分が幸せになるためには、周りの人も一緒に幸せになってもらわないといけない。

このときの実感は、その後の私の商売に大きな影響を与えたのです。

材料が値上がっても、「値上げせずにがんばろう」という従業員の心

「共存共栄」の関係は、店とお客様にもあてはまると思います。

惣菜を始めたときから、私がずっと言い続けてきたのは「値段は上げるな」ということです。価格競争のために「上げるな」と言っているわけではありません。お客様との「共存共栄」のために値段はなるべく上げないということです。原材料が値上がりしたときで

も、私は**「地元の人たちの収入が上がらないうちは、値段を上げない」**と言います。

景気のいいときは確かに給料は上がりますが、最近は残業が減ってボーナスも少なくなり、ましてや定期昇給もありません。お客様の収入が増えていないのに値段を上げてしまうことはお客様の負担を重くすることで、「共存共栄」になりません。たとえ東京や仙台の中心部の景気がよくても、店に買い物にくる地元のお客様の景気がよくならなければ意味がないのです。

材料が値上がりして苦しいときでも、専務には「それで上げずになんとかしてくれ」と言っています。

たとえば昨年、一昨年は小麦粉などの原材料が急騰して、大手のパンメーカーでも値段を上げました。このときはうちも大変でしたが、値段は一切上げませんでした。お客様の収入が上がっていないからです。

しかし、値段を上げずにがんばったおかげで、昨年度の経常利益は非常に好調でした。それは**「値段を上げずにがんばろう」「無駄をなくしていこう」という従業員の心が生み出した賜物**だと思います。

2005年末には、もち米が高騰し、小豆も値上がりしましたが、おはぎの1個105

円（税込）は変えませんでした。

さいちではすべての部門でスタッフに自分で注文させ、自分で納品書を確認させていますす。仕入れの値段がいくらで、それをいくらで売っているかをみんなが知っているわけです。もちろん米や小豆のような大量に買い入れるものは私が自分で注文していますが、その他はその部門の主任がすべて価格も決めて注文しています。

ですから材料の価格が上がったときには、私が何も言わなくても、無駄をなくすようにがんばってくれるのです。経営環境が厳しいときでも、会社の利益のために値上げをしたりしないよう、極力お願いしています。

クレームを言ってきた方に、お客様が従業員に代わって説明してくれる

おはぎを出し始めたばかりの頃、こんなことがありました。

夕方、あるお客様が他のお客様が大勢いる前で、これみよがしに大きな声でこう怒鳴り出したのです。

「お前のところは惣菜を知らないから、こんなもの出してるんだ！」

きんぴらごぼうとか、ほうれん草のおひたしなどを出していたので、「こんなものは誰でもつくれる」と言うのです。返す刀で、今度はおはぎのことをこう言いました。

「お前のところのおはぎ、貧乏してるから砂糖ケチってるんだべ！」

甘さ控えめで、おいしくて、何個でも食べられるおはぎを目指してつくっていましたが、当時は「とにかく甘ければいい」、極端に言えば、砂糖でジャリジャリしているようなものがいいという時代でした。

私も人間失格なのでしょう、そのときは「なにくそ、いまに見てろ！」と思ってしまいました。

でもお客様を前に、顔には出せません。悔しい思いをグッと胸の奥に押しこめて、「今後、一生懸命がんばりますから」と口にするのが精一杯でした。

思えば、それを糧にずっとがんばってきたようなものです。

いまとなっては、あのときのお客様の言葉が、励ましとしか思えなくなりました。

口が悪い人はどこにでもいるものですが、大勢の人がいる前であんなことを言うのは、よほどのことがなければできません。本当にこれ以上ない励ましです。本当にあのお客様には助けられたと思っています。

長い間、**お客様との「共存共栄」をモットーに商売を続けていると、お客様が店の側に立って考えてくれる、お客様が味方になってくれるようになります。**

たとえば、「おはぎが悪くなっていた」とクレームを言ってこられたお客様に、他のお客様が「あなた、それいつ食べたの?」「ここのは添加物が入っていないんだから、その日のうちに食べなきゃダメなんだよ」と、**従業員に代わって説明してくれる**こともあります。

お客様が店の味方になってくれる。これほど心強く、そしてありがたいことはありません。

商売の原則

商売をやる以上は、利益は必ず出さなければいけません。

それは原材料費が上がって苦しいときでも同じです。利益がなくなれば店はアウトなのです。

長い目で見れば、経常利益がなければ店を手入れすることもできません。

さいちは昨年、開店30周年を迎えましたが、建物が古くなってくると修繕しなければいけないところがたくさん出てきます。

さらに大事なのは、利益が出なければ、ボーナスが支払えません。さいちには50数名の従業員がいますが、家族がいることを考えると、3～4倍の人に影響します。

ですから一生懸命働いてくれている従業員のためにも、絶対に利益を生み出すことをまず考えなければいけないのです。

当たり前のことのようですが、これこそが商売の基本であり、かつ最も難しいことです。スーパー開店当時、私は「とにかく働かなくては」という思いでいっぱいで、お客様に来てもらうことと売上を上げることしか頭にありませんでした。だからチラシも打ち、集客に必死になっていたのです。

しかし、いくらそうやって集客しても、ただ漫然とものを仕入れてきてお客様に売るだけでは利益は出ません。そのときは買ってもらって売上も上がりますが、いずれお客様に来てもらえなくなるのです。

もちろん利益が必要だからといって、利益のとりすぎは禁物です。それではお客様にソッポを向かれ、絶対に長続きしません。

「長続きすることが何よりも大事」。これが商売の原則なのです。

長く売れ続けるための習慣

「商い＝飽きない」、毎日飽きることなく自分を磨き続ける

スーパーのダイユーさんとともに、スーパーの開店当初からとてもお世話になったのが、仙台に何軒も店を構えていた「マーキュリーストア」というスーパーさんでした。

その店のバイヤーさんに魚を買ってもらったり、うちの従業員を行かせて勉強させてもらうなど、本当に多くのことを学ばせていただきました。

さいちを開店した当初は、マーキュリーストアの社長は毎日必ず夕方に電話をしてきてくれました。「心配で寝られない」と言うのです。

「どうして商いというのかわかりますか？　商いは〝飽きない〟。やり始めた以上は、飽きないで一生懸命やってください」

そう社長は教えてくださいました。

商売は、ともすると毎日毎日が同じことの繰り返しのようです。

しかし、毎日毎日が新しい一日であり、常に改善していくこと、常に新しいアイデアを生み出す努力が必要です。

「商い」は「飽きない」というのは、**毎日飽きることなく自分を磨き続けること、毎日毎日の出会いを大切にしながら、見えない部分で自分を絶えず磨いていくことの大切さを教えてくれる言葉**なのです。

ある大手コンビニエンスストアの場合、社内で商品を開発するときに、まずどのくらい売れるかの数字を設定し、1週間で達成できないとその商品を廃棄処分にしてしまう。そして新しいものに挑戦するというやり方をしているそうです。

たしかに、大きい会社はそうしなければダメなのでしょう。

でも、それをやるには相当なお金もエネルギーもかかりますから、私たち小さな店が同じことをやるのは不可能です。

私たち小さなお店は、**簡単にあきらめずに見えない部分で努力を続けていく**ことが大切です。

どんな商品でも、最初からうまくいくことなどありません。大手なら廃棄処分して別のものを考えるようなケースでも、徹底的に工夫して、どうすればいいのか試行錯誤を繰り返すことです。

さいちの場合も、売上の半分を占めているおはぎとお惣菜は、こうした試行錯誤の末に生まれました。いまも、おはぎやお惣菜はただつくって出しているわけではありません。おはぎは日々変化する天候や気温、水温、小豆の状態などを見ながら、毎日、真剣勝負でつくっています。手づくりで同じ味を保つためには日々新たな努力が必要なのです。お惣菜も同様で、さらにお客様に喜んでもらえるような新しいメニューを考え続けています。

お客様に買っていただいき、「おいしかったよ」「またほしい」と言っていただける。その連鎖がなければ商売は成り立ちません。その連鎖をつくるためには、徹底的に考え、自分を磨き、努力していくしかないのです。

倉庫は持つな

商売を長続きさせていくためには、売るだけでなく、在庫管理も非常に重要です。

昔は大きな倉庫を持っている店はすばらしい店だといわれていました。支払いは半年に1回か年に1回。だから在庫をたくさん持っていても赤字の心配がなく、逆にそれだけ在庫を持てるのは「すごい」と思われていたのです。

私も前の店では、売れたら売れた分を補充するだけで、在庫管理などほとんどしたことがありませんでした。

ですから30数年前、スーパー開店前に初めてダイユーさんに勉強に行ったときに、毎日棚卸しをしていると聞いて本当に驚いたものです。実際、当時としては非常に画期的なことでした。

いまは支払期日は長くても1か月に1回、場合によっては毎日の場合もありますから、倉庫に大量の在庫を抱えていては大変です。毎日きちんと棚卸しをして、在庫管理をするのが何よりも大切で、これをしないのはお金をドブに捨てるに等しいともいえます。

また、在庫を調べることで、いろいろなことが見えてきます。

「この商品は、お客様が求めているものと違ったから売れなかったんじゃないか?」

「並べ方が悪かったから、売れなかったんじゃないか?」

などといろいろなことを考えて、明日の商売に活かせるのです。

手づくりのお惣菜をつくる仕事は毎日忙しいけれど、在庫期間が短く、管理はしやすい。

でも、日用品や衣料品は置いておいても悪くならないので、どうしても滞りがちになる。

それが店にとって命取りになりかねないので要注意です。

会社は商品をお客様に売って初めて成り立ちます。いくら安くていいものを仕入れ、在庫で持っていても、売れなければマイナスです。在庫管理をきちっとやることが、将来お客様に喜んでもらえる商売の基本だということです。

もちろん、在庫を持つこと自体は商売のために決して悪いことではありません。

しかし、多めに持ちすぎるのは大きなリスク。だから自前で倉庫を持ってはいけないのです。

取引先とはお酒は飲まない

商売をしている人には、「取引先とのおつき合いも仕事のうち」と考えている人も多いようです。

しかし、私は取引先の方と飲みにいくことはしませんし、ゴルフも絶対にやりません。お酒を飲んでいる時間などないですし、ゴルフに関しては最初からやろうという発想がありませんでした。

そもそも、そうしたつき合いで本当に信頼関係が結べるのでしょうか。互いに取引関係の範囲内で誠意を持って仕事をすることが何より大事で、お酒を一緒に飲むよりも、そのほうがずっと信頼関係を深めることにつながるはずです。

取引先は取引先でビジネスを一生懸命やっているのですから、あまり時間を取らせてはいけないですし、負担をかけてもいけません。やはり適度な距離を置いていなければ、仕事になあなあな部分が生まれてしまいかねません。

幸い私はもともとあまりお酒が飲めないので、そういう機会をつくりたいとは思いませんし、性格的に酒の席で上手に振る舞うこともできません

商売の会合などでは必ず2次会が設定されていますが、私の場合、店が午後8時閉店なので、7時になると黙って帰ってきてしまいます。いまは他の人もそのことを理解してくれているので問題ないのですが、最初のうちは「なんでつき合わないんだ」と言われて大変でした。

でも、一番大事なのは何かを考えれば、自分のやるべきことは明らかで、私には迷いはありませんでした。

本当に信頼関係があれば、2次会につき合うかどうかで関係が左右されるはずはないと

思うのです。

夫婦揃って「生涯現役、定年は死ぬとき」

人間は目標を持って、それに向かってがんばれることが幸せにつながります。努力せずに大金が入ってしまうと、お金のありがたみが実感できませんから、贅沢に溺れてしまい、長い目で見ると結局は潰れてしまいます。目標をなくし、目標に向かって努力することができなくなってしまいます。これでは幸せとは言えません。

「努力の成果」としてお金をいただく。ふさわしい努力をして、相応のお金をいただく。利益は絶対に必要だけれども、取りすぎてはいけない。

私自身、店の資金繰りが苦しいときに、ずいぶん〝おいしい〟話を持ちかけられたことがありましたが、すべて断りました。何もせずに高い中間マージンだけ受け取るような仕事は、「正しくない」と思ったからです。

苦労すればするほど、それが報われたときの喜びは大きいものです。それまでの苦労が小さく見えてきます。苦労をいとわず、苦労を重ねていくほうが、結果的に得られる幸せが大きいと思うのです。

ですから私は、経営者だからといってたくさんお給料をいただくようなことも考えていません。目標は、みなさんと同じような当たり前の生活ができるようになること。朝はゆっくり起きて、夜は適当にお酒を飲んで早く寝る。立派な家を建てるといったことは考えてもいません。

いまは店の2階を自宅にしていますが、上に住んでいることは防犯に役立つからで、言ってみればガードマンや管理人代わり。月2回の休業日には修理やメンテナンスなどが入ることが多く、結局休めません。家で休んでいるというより、管理人として年中無休、24時間体制で働いているようなものです。

旅行は一度ゆっくりしてみたいとも思いますが、どうも行けそうにありません。そのうち体のあちこちにガタがきて、きっと旅行どころではなくなるでしょう。うちは**夫婦揃って「生涯現役、定年は死ぬとき」**と決めています。結局、働くのが好きなのです。実はそれが、商売が長続きする最大の秘訣なのかもしれません。

でも、休養は大切です。休みは十分に取り、働くときは真剣にメリハリのある生活が何よりも重要だと思います。

何もない私は、ブレようがない

私は健康維持のため、毎朝1時間ほどかけて店の周辺の道路を掃除するのを日課にしています。

以前は普通の庭箒で掃除をしていましたが、今は腰を痛めたので高箒を使っています。掃除をしていると無心になることができます。考えが整理できたり、アイデアが浮かぶのもこの瞬間です。

ある方から教わりましたが、箒で腰を折って掃除をするのは、正しく「哲学」です。哲学の「哲」の文字は「折る」と「口」からできています。

畑で農作物をきちんと実らせるためには絶えず腰を折り、鍬（くわ）と鋤（すき）を持って耕さなければいい畑にはならない。それが原則だということを意味しているのです。

この原則は商売にも当てはまります。

田んぼを耕さなければ米ができないように、店で商売するには店を耕さないといけない。

一生懸命手を入れていい店にしなければ、いいお客様に恵まれないということです。資金繰りが苦しくて火の車のときも、私の考えはブレませんでした。

材料が上がっても、地元の人たちの収入が上がらないなら値上げはしない。「おはぎの砂糖をケチってる」と罵倒されても、甘さ控えめのおはぎの味は絶対に変えない……。従業員にも一貫して「共存共栄で正しいことをやりましょう」と言い続けてきました。それしか頭になかったので、ブレようがないのです。

目標は、地域の人に「よかった」と言われるような店づくり。売上がいくらとか規模を大きくするとかいうことではありません。

売上や規模を目標にしてしまうと、どうしてもブレやすくなります。数字の上がり下がりに気持ちを奪われ、心が揺れてしまうからです。

同業の人たちから「景気が悪い」とか「近くに大きなスーパーができる予定で、どうしたらいいか」といった悩みをよく耳にしますが、自分が知恵を絞る前に、「人のせい」にして最初から参ってしまっているのです。

人のせいにできる人は、資産とか環境に恵まれている人だと思います。私みたいに最初から何もない人間は、そんなことを考えなくてもいい。自分の身ひとつですから、景気がよかろうが悪かろうが、近くにスーパーができようができまいが、人のせいにせずにキチッとがんばっていくしかないのです。

地元秋保のみなさんに恩返しを

私は秋保の町で生まれて、この土地の人たちに育てられ、土地のみなさんに支えられながら、この土地で商売をしてきました。

店の配達を手伝っていた幼い頃からみなさんに励ましてもらい、経営が苦しいときも、辛いときも、みなさんに温かい声をかけていただきました。

物心ついたときから「自分は商売をやるものだ」と思っていましたし、それが体に染みついていたので、特別な目標とか志というものもありませんでした。親から預かった店を大事にする、それだけでした。

毎日毎日きちんと商売して、お客様の「よかった」という言葉を聞きたい、笑顔を見たい。ただそれだけのためにやってきたようなものです。

いま、地元のお客様は全体の4割になっていますが、口コミでさいちの評判を外に広げてくださったのも、他ならぬ地元のお客様です。

ここで商売させていただいているのだから、商売を通じてみなさんに恩返しなくてはいけない。地元の方が困らないように、小さいながらもなんとしても店を潰してはいけないという思いでやってきました。

その思いはいまも、そしてこれからも変わることはありません。

涙ながら語ってくれた恩師との出会いがなければ……

発車前の小田急線の車内から、私はただ呆然と窓の外を眺めていました。

でも、目には何も映っていませんでした。

絶望感と脱力感で頭の中は真っ白になっていたのです。


1971年3月、箱根で行われた2泊3日の商業界のゼミに参加した、その帰りのこと。講師の先生方のお話はすばらしく、それまで経営のことなどまったく考えずに商売をしてきた私にとって、驚きと興奮の連続でした。

しかし、いざ帰路に着こうとしたとき、現実がドッと押し寄せてきました。

当時、さいちは温泉旅館様との商売も細り気味となり、地元のお客様への配達商売もじり貧で、資金繰りもままならない状態でした。

ゼミで聞いた経営戦略や商売のアイデアも、私にはまったく無縁で、どうしようもないことに思えたのです。

なんとか現状を打開したいと、借金までして思い切って参加したゼミでしたが、結果、私は理想と現実のギャップに打ちひしがれてしまいました。

おそらくそのときの私は、いまにも自殺してしまいそうな、思い詰めた表情をしていたに違いありません。

そこに、パリッとしたスーツを着た紳士が声をかけてきました。

「ここの席、ご一緒してもよろしいですか？」

先方は3人連れで、私が4人がけのボックス席にひとりで座っていたので、相席を求められたのです。その紳士こそ、ダイユーの大林勇社長でした。

振り返れば、すべてはこの出会いから始まりました。

暗く沈んだ顔で自分の置かれた状況をボソボソと打ち明ける私に、社長はスーパーの経営について、こんこんと語って聞かせてくださいました。

死に神にとりつかれたような私を、なんとか助けたいという思いだったのかもしれません。

熱い思いのこもったその言葉の一つひとつに、私はどんどん引き込まれていきました。

なかでも一番印象に残っているのは、

「商売をやるのに、ただ漫然とやってちゃいけない。お客様あっての商売だから、まずお客様に喜んでもらえる商売をやりましょう」

という言葉です。

それまでの私は本当にただ漫然と商売をしていた、そのことにハッと気づかされたのです。さらに大林社長は、

「これからはスーパーの時代だよ」

と力をこめて何度もおっしゃいました。


ふと気づくと、大林社長の目には涙があふれていました。

あとで知ったことですが、社長は婿養子として店に入られ、大変苦労されてスーパーを大きくした方でした。

「商品は納めたものの、お金が入ってこなかった」というお話も聞きました。

もしかすると私の切羽詰まった表情に、かつての自分を重ねていらしたのかもしれませ

ん。

「まず勉強しましょう。とにかく、一度うちに来てください」

と、熱心に誘ってくださいました。

そして別れ際に、1冊の手帳サイズの本を私に渡してくださいました。商売の基本用語が書かれたもので、その本はいまも私の大切な宝物になっています。

●「ただ売っていればいい、というものではないんだよ」

「ぜひ奥さんも一緒に」と言われ、私たちは夫婦2人で、それこそ何十回となく栃木県の黒磯（現在の那須塩原市）にあるダイユーさんの店に勉強に伺いました。

社長が「2人で」とおっしゃったのには、深い意味がありました。

もしひとりだけで行って「こうしたい」と話をしても、相手に納得してもらえないかもしれない。2人で行くことで、2人とも同じように納得がいき、同じ知識と意識を共有することができたのです。

ダイユーさんの店は、いまのさいちよりもずっと大きく、大勢のお客様でとてもにぎわっていました。

何よりびっくりしたのは商品の陳列で、ひと目見ただけで「お客様を第一に」という姿勢が伝わってくるようでした。

「ただ売っていればいい、というものではないんだよ」

そう大林社長は口をすっぱくして言われましたが、この言葉は、いま、ものが売れずに苦しんでいるすべての方に言えることではないでしょうか。

「ただ売っている」のでは、絶対に売れないのです。

その後、大林社長には店舗の設計から経営の実務まで、ありとあらゆる面でお世話になりました。

店に伺ったときにわざわざコンサルタントの先生を呼んでくださったり、建物の設計屋さんを呼んで一緒にお話ししてくれたり、店を閉めたあとに店長さんを呼び、どうやって会計を閉めるかといった具体的なことも教えてくださいました。

話を聞いただけでは決してわからない、現場の実践、実務を徹底的に学ばせていただいたのです。

●恩人の死

しかし、大林社長は「主婦の店・さいち」のオープンを見ずに他界されました。大林社長は呼ばれて行った講演会の壇上で突然倒れ、意識不明の状態で病院に運び込まれました。私も毎日病院に通って付き添いましたが、祈りもむなしくそのまま帰らぬ人となりました。

その後、ダイユーさんは、奥様、お嬢さんのお婿さんと代がわりしましたが、ご一家とはいまも親戚以上の深いおつき合いをさせていただいています。

何かあったら必ず真っ先に相談する、親戚の中でも親兄弟のような関係です。

オープン当日に奥様が十数人の社員を引き連れてお手伝いに来てくださったことは、本書でも触れたとおりです。ダイユーさんとの出会いがなければ、いまのさいちは絶対にありません。本当にどれだけ感謝しても感謝しきれないのです。

いま、さいちの店の前の狭い駐車場は満車状態で、小さな店内は大勢のお客様でにぎわっています。おはぎとお惣菜の棚からは、どんどん商品がなくなって、次から次につくっては棚に並べていく追いかけっこの状態です。

こんな田舎の小さなスーパーにわざわざ来てくださって、うれしそうに買い物をしていってくださるおばあちゃん、お母さん、お嬢ちゃん。

商売をしている者として、これ以上の幸せはありません。

ただひとつ、さいちが生まれ変わった姿を大林社長にお見せできなかったことだけが、本当に残念でなりません。

支えてくださったみなさまに感謝

私は、いつも次のことを心がけて30年以上、商売をしてきました。

1　商いで己を磨き、出会いを大切に
2　商売は牛のよだれのごとく、細く、長く、何十年もやっていきたい。だからこそ、基礎をおろそかにしたくない
3　私の人生訓
①商売は信用が第一

②汗水流さないで得た収入は一切受け取ってはダメ
③一生懸命、真面目にやっていれば、何かひとつ当たるものがある

最後の「人生訓」は、今年95歳になる私の叔父より言われ続けた言葉です。
最初は、その意味がわからなくてそんなものが本当にあるのかと思っていました。
でも、徹底的に真剣勝負でやっていれば、必ず一生のうちにひとつは当たるものだと、いまとなってみれば実感としてわかります。

この場を借りて、お世話になった方々へ心から感謝を述べさせていただきます。

私の命の恩人である、株式会社ダイユー元社長の故・大林勇氏。さいち創業期の立役者で、ダイユー前社長である故・大林きよ子氏。

私の人生の師であり親代わりでもある、株式会社丸時会長の佐藤次吉氏。常に相談相手になっていただいた、ホテル仙台プラザ元社長の故・青木助三郎氏。地元スーパー業界にあって微に入り細に入り粘り強く教えてくださった、マーキュリーストア社長の故・久道藤輔氏。

私どものような小さな会社ながらもグループに加盟させていただき、日々基本的な商売

のあり方を教えていただいている、ＣＧＣグループ代表の堀内淳弘氏。

いつも新鮮な気づきをいただき、本書のカバーオビに推薦をくださった、法政大学大学院政策創造研究科教授の坂本光司先生。

全国からそうそうたる企業の方々に視察研修に来ていただくきっかけをつくってくださった、おおやかずこ氏（フードコーディネーター、セブン＆アイ・ホールディングス顧問）。

おおやさんには、こんな名もなき小さな店のおはぎとお惣菜をとても高く評価していただき、全国のみなさんに紹介してくださいました。

そして、ダイヤモンド社の寺田庸二氏と、大門龍氏には、私の初めての本に際し、企画立案から最後の編集まで、ご尽力いただきました。

みなさま、本当にありがとうございました。

最後に、生まれたときから現在に至るまで私を育て、支えてくださっている地元のみなさまと、最後までお読みいただいた読者の方々に心から謝意を述べ、拙い筆を置きたいと思います。

２０１０年８月

株式会社佐市代表取締役社長　佐藤啓二

[著者]

佐藤啓二（さとう・けいじ）

1935年、仙台市生まれ。仙台・秋保温泉にある小さなスーパー「主婦の店・さいち」（株式会社佐市）代表取締役社長。人口4700人の過疎地にありながら、仙台市内や山形市内だけでなく、全国からひっきりなしにお客様がやってくるお店として有名。2009年12月に、徳光和夫司会「Theサンデー NEXT」（日本テレビ系）、2010年８月に、村上龍司会「カンブリア宮殿」（テレビ東京）などで紹介。１日平均5000個、お彼岸の中日には２万個売れる「秋保おはぎ」は仙台駅でも即完売状態が続いており、牛タンに次ぐ新たな名物となっている。また、経営ノウハウを無料で公開する姿勢を貫き、大企業や大手チェーンほか全国600社超からの視察研修依頼が殺到。イトーヨーカ堂創業者の伊藤雅俊氏や、「餃子の王将」（王将フードサービス）の大東隆行社長などもやってきた。社員15名、チラシなし、レシピなしの常識を覆す戦略で年商６億円。300種超のお惣菜とおはぎが売上の５割を占める。2002年に「河北新報」に出稿した「秋保おはぎ原寸大」広告が「仙台広告賞」の新聞部門の大賞を受賞。本書が初めての著書。

売れ続ける理由——一回のお客を一生の顧客にする非常識な経営法

2010年９月16日　第１刷発行
2012年６月25日　第７刷発行

著　者——佐藤啓二
発行所——ダイヤモンド社
〒150-8409　東京都渋谷区神宮前6-12-17
http://www.diamond.co.jp/
電話／03･5778･7232（編集）　03･5778･7240（販売）

装丁————萩原弦一郎（デジカル）
カバー撮影—大山　博
製作進行——ダイヤモンド・グラフィック社
印刷————信毎書籍印刷（本文）・共栄メディア（カバー）
製本————本間製本
編集担当——寺田庸二

ISBN 978-4-478-01322-9